# 提高领导干部
# 七种能力

蒋成会　张荣臣　等 著

中央党校出版集团・国家行政管理出版社
北　京

**图书在版编目（CIP）数据**

提高领导干部七种能力 / 蒋成会等著 . --北京：
国家行政管理出版社，2020.11（2021.2 重印）
ISBN 978-7-5150-2497-4

Ⅰ.①提…　Ⅱ.①蒋…　Ⅲ.①中国共产党-干部教育
-学习参考资料　Ⅳ.①D262.3

中国版本图书馆 CIP 数据核字（2020）第 200246 号

| | |
|---|---|
| 书　　名 | 提高领导干部七种能力<br>TIGAO LINGDAO GANBU QIZHONG NENGLI |
| 作　　者 | 蒋成会　张荣臣　等著 |
| 责任编辑 | 李瑞琪　王　莹 |
| 出版发行 | 国家行政管理出版社<br>（北京市海淀区长春桥 6 号　100089） |
| 综 合 办 | （010）68928903 |
| 发 行 部 | （010）68922366　68928870 |
| 经　　销 | 新华书店 |
| 印　　刷 | 北京盛通印刷股份有限公司 |
| 版　　次 | 2020 年 11 月北京第 1 版 |
| 印　　次 | 2021 年 2 月北京第 5 次印刷 |
| 开　　本 | 170 毫米×240 毫米　16 开 |
| 印　　张 | 13 |
| 字　　数 | 193 千字 |
| 定　　价 | 45.00 元 |

本书如有印装问题，可联系调换，联系电话：（010）68929022

# 前　言

我们正面临“百年未有之大变局”，领导干部能力要求也要与时俱进。正如习近平总书记指出的，面对复杂形势和艰巨任务，我们要在危机中育先机、于变局中开新局。干部特别是年轻干部要提高政治能力、调查研究能力、科学决策能力、改革攻坚能力、应急处突能力、群众工作能力、抓落实能力，勇于直面问题，想干事、能干事、干成事，不断解决问题，破解难题。

习近平总书记关于当今世界百年未有之大变局的论断内涵丰富，其核心是强调世界正处在一个重大的变化过程中，中国正处在一个重要的战略机遇期。从国际国内来讲，我们要应对这些变化，就要抓住重要的战略机遇期，不断提高运用马克思主义分析和解决实际问题的能力，不断提高运用科学理论指导我们应对重大挑战、抵御重大风险、克服重大阻力、化解重大矛盾、解决重大问题的能力，坚定对中国特色社会主义的道路自信、理论自信、制度自信、文化自信。从党内来讲，就要正视思想不纯、政治不纯、组织不纯、作风不纯等问题还没有得到根本解决。要认真贯彻新时代党的建设总要求，奔着问题去，以刮骨疗伤的勇气、坚忍不拔的韧劲坚决予以整治，同一切影响党的先进性、弱化党的纯洁性的问题做坚决斗争，努力把我们党建设得更加坚强有力。

党和国家事业越发展，对领导干部，尤其是年轻干部的能力要求必然越高。党的十九大为我们实现民族复兴的伟大事业指明了前进的方向，绘就了发展的蓝图，制定了发展战略。政策确定后，干部就是关键因素。要领导人民建设社会主义大国，首先就要求我们党的年轻干部要做到本领高强。2020年10月10日，习近平总书记在秋季学期中央党校（国家行政学院）中青年干部培训班开班式发表重要讲话强调“年轻干部要提高解决实际问题能力，想干事能干事干成事”，为全体学员讲授了第一课。在“开学第一课”上，习近平总书记提出，党的十八大以来，党和国家事业取得历史性成就、发生历史性变革，其中一条很重要的经验就是坚持问题导向，把解决实际问题作为打开工作局面的突破口。七种能力，是年轻干部解决实际问题的基础和保障。政治能力是第一位的，是核心能力；调查研究能力是基本功，也是基本素质；科学决策体现工作能力，直接关乎决策效果；改革攻坚能力彰显担当意识与开拓精神，弥足珍贵；应急处突能力考验干部坚持原则能力与应变水平，不可或缺；群众工作能力是看家本领，必须掌握；抓落实能力是根本，工作实效关键看落实。这七种能力，是时代的呼唤，是发展的需要，更是人民的期待。为广大年轻干部列出了“能力清单”，既是期望，亦为鞭策。新时代“七种能力”，既是硬性标准，也是刚性要求，同时也是年轻干部干事必备的“基本功”。

# 目录

# 第一章

# 提高政治能力，增强干事的“正气”

进入新时代，习近平总书记多次强调领导干部政治能力问题，指出在干部干好工作所需的各种能力中，政治能力是第一位的。他强调政治能力就是把握政治方向、把握大势、把握全局的能力，就是保持政治定力、驾驭政治局面、防范政治风险的能力。有了过硬的政治能力，才能做到自觉在思想上政治上行动上同党中央保持高度一致，在任何时候任何情况下都能“不畏浮云遮望眼”“乱云飞渡仍从容”。党员干部讲政治，要旗帜鲜明体现到“两个维护”上，就是坚决维护党中央权威和集中统一领导，坚决维护习近平总书记党中央的核心、全党的核心地位。一个国家、一个政党，领导核心至关重要。坚决维护习近平总书记党中央的核心、全党的核心，形成思想和行动高度统一的整体，这是一个成熟的马克思主义执政党的必然要求。提高讲政治的能力，一是要求我们增强政治意识、大局意识、核心意识、看齐意识，自觉在思想上政治上组织上行动上同以习近平同志为核心的党中央保持高度一致，使我们党更加团结统一、坚强有力，始终成为中国特色社会主义事业的坚强领导核心。二是在坚定政治信仰、提高政治能力上下功夫。坚定理想信念，坚守共产党人的精神追求，始终是共产党人安身立命的根本。我们要用习近平新时代中国特色社会主义思想武装全党、牢固树立共产主义远大理想和中国特色社会主义共同理想，牢记初心使命，坚定“四个自信”，坚定执行党的政治路线，坚决站稳政治立场，不断提高讲政治的本领。

## 一、党员干部要有过硬的政治能力

一个时代有一个时代的担当。年轻干部身处伟大新时代，既有难得的建功立业的人生际遇，也面临着“天将降大任于斯人”的时代使命。面对外部复杂的环境和国内改革发展稳定的艰巨任务，年轻干部能力是否跟得上，关系事业成败、关乎发展全局。年轻干部提高政治能力，是实现党在新时代条件下历史使命的紧要课题，是新时代党的建设中的一个重大命题，具有强烈的现实针对性。只有增强自身的政治能力，才能在面对新挑战之时临危不惧、迎难而上，才能更好地履行自己的职责。

### （一）深入贯彻落实中央大政方针的时代需要

在实践中，年轻干部政治能力越强，也就越能够更好地贯彻落实大政方针。中国特色社会主义进入新时代后，我国的主要矛盾发生了深刻变化，在新的发展中，新情况、新问题、新矛盾也层出不穷。以习近平同志为核心的党中央提出了一系列重大战略思想，制定了推动中国社会主义现代化建设事业的一系列方针政策。贯彻这些方针政策对伟大事业的发展至关重要，能否将这些中央的大政方针贯彻落实，对年轻干部来说是一种挑战，对年轻干部的政治能力也提出了更高的要求。一个政治能力不强的年轻干部，有可能导致在复杂的工作中打不开局面，更有甚者会犯方向性的错误。可以说，政治能力是年轻干部政治素养的衡量标准。只有提升了自身的政治能力，年轻干部的政治素养才能提升，才能真正地履行好自己所担负的职责。只有政治能力强，年轻干部才能够在工作中顾全大局，更好地发挥承上启下的作用，既能够维护中央权威，真正领会中央大政方针的精髓，为深入贯彻中央要求打下坚实的基础；同时又能够做好具体部署，按照本地区本部门的实际情况做出要求，确保方针政策的有效执行，最终推进伟大事业的前进。因此，年轻干部必须抓住一切机会刻苦学习，反复锤炼，不断提升自身的政治能力，担负起历史赋予的责任与使命。

### （二）汇聚人民深厚伟力追梦筑梦的时代需要

中国梦是民族的梦，也是每个中国人的梦。只要我们紧密团结，万众一心，为实现共同梦想而奋斗，实现的梦想力量就无比强大，我们每个人为实现自己梦想的努力就拥有了广阔的空间。生活在我们伟大祖国和伟大时代的中国人民，共同享有梦想成真的机会，共同享有同祖国和时代一起成长进步的机会。有梦想，有机会，有奋斗，一切美好的东西都能够创造出来。全国各族人民一定要牢记使命，心往一处想，劲往一处使，用 14 亿人的智慧和力量汇集起实现中华民族伟大复兴的磅礴之势。换句话说，人民群众是历史的创造者，是推动中国特色社会主义事业发展和实现中华民族伟大复兴中国梦的主力军。在社会主义事业建设过程中，能否最大限度地调动广大人民群众的积极性，充分发挥人民群众的力量，对年轻干部的政治能力是一个巨大的考验。领导干部政治能力强，就能够在工作过程中凝民心聚民力，开创事业新局面。群众路线是党的根本路线，做好群众工作是对年轻干部的基本要求。新时代，党要团结带领人民进行伟大斗争、推进伟大事业、实现伟大梦想，在制定方针政策时就要始终坚持以人民为中心的原则和全心全意为人民服务的宗旨，就要求我们进一步把党建设好，切实提高领导干部的政治能力。因为年轻干部身肩凝聚民心走好群众路线的职责，年轻干部只有具备超人的政治能力，才能更好地聚民心，有利于在人民群众中树立良好的形象，从而更好地发挥统领一方、谋篇布局的作用，团结带领人民群众，抵御各种风险和挑战，不断推动社会主义事业前进。

### （三）攻坚克难推进新的伟大斗争的时代需要

早在 1962 年的七千人大会上，毛泽东就强调：“从现在起，五十年内外到一百年内外，是世界上社会制度彻底变化的伟大时代，是一个翻天覆地的时代，是过去任何一个历史时代都不能比拟的。处在这样一个时代，我们必须准备进行同过去时代的斗争形式有着许多不同特点的伟大的斗争。”[①] 的确，今天，我们正在进行具有许多新的历史特点的伟大斗争。世界正经历新一轮大发展大变革大调整，大国战略博弈全面加剧，国际体系和国际秩序深度调整，人类文明发展面临的新机遇新挑战层出不穷，不确定不稳定因素明显增多。习近平总书记指出，当前中国处于近代以来最好的发展时期，世界处于百年未有之大变局，两者同步交织、相互激荡。国内改革开放进入深水区和攻坚克难的关键时期，改革进行到现阶段，简单的问题基本上已经得到解决，剩下的都是难啃的“硬骨头”，再加上随着全球化趋势的加强，国内社会多元价值观凸显，许多领导干部不免受“酒绿灯红”的影响、“糖衣炮弹”的袭击、金钱美色的引诱。由此可以看出，我们所面临的困难和挑战更加复杂多样，每前进一步都需要巨大的勇气。中国特色社会主义伟大实践要想继续开创新的局面，与广大党员，尤其是年轻干部是分不开的，需要年轻干部具有强大的政治能力去担当、去奋斗。习近平总书记强调，“要时刻准备应对重大挑战、抵御重大风险、克服重大阻力、解决重大矛盾，坚持和发展中国特色社会主义，坚持和巩固党的领导地位和执政地位”。[②] 这是总书记对年轻干部提升政治能力的美好期盼。年轻干部肩负攻坚克难的职责，要不断适应时代要求提高自身政治能力，只有政治能力强，年轻干部才会迎难而上、勇于担当，才能有效应对错综复杂的局势和困难。反之，丧失政治能力或政治能力不强，就有可能掉入万丈深渊，不仅无法带领人民取得新的伟大斗争的胜利，而且很可能连自身都难以保全！因此，年轻干部政治能力越强，攻坚克难也就会进行得越顺利。

## 二、始终做到“不畏浮云遮望眼”

政治能力不是空洞的说教，而是具有丰富内涵的。习近平总书记指

① 中共中央文献研究室编：《毛泽东文集》第 8 卷，人民出版社 1999 年版，第 302 页。

② 习近平：《在庆祝中国共产党成立 95 周年大会上的讲话（2016 年 7 月 1 日）》，《人民日报》2016 年 7 月 2 日。

出：“党的高级干部要注重提高政治能力，牢固树立政治理想，正确把握政治方向，坚定站稳政治立场，严格遵守政治纪律，加强政治历练，积累政治经验，自觉把讲政治贯穿于党性锻炼全过程，使自己的政治能力与担任的领导职责相匹配。”[①] 这一论述对政治能力的丰富内涵进行了集中概括，为年轻干部提升政治能力奠定了基础。

### （一）牢固树立政治理想是提高政治能力之魂

坚定的理想信念是共产党人的政治灵魂，年轻干部政治能力的提升离不开政治理想的坚定。习近平总书记指出，坚定理想信念，坚守共产党人精神追求，始终是共产党人安身立命的根本。对马克思主义的信仰，对社会主义和共产主义的信念，是共产党人的政治灵魂，是共产党人经受住任何考验的精神支柱。坚定的理想信念是党保持先进性的力量之源。对理想信念是否坚定也决定着思想境界的高低，共产党员有了坚定的理想信念，就有了克服各种困难的勇气和力量，始终保持坚定的正确的政治方向，党就会因此保持持久的先进性。可以说，坚定的理想信念是一种恒久不变的动力；坚定的理想信念是推动事业成功的精神支柱。习近平总书记指出，在“革命战争年代，无数共产党人为了革命的成功，南征北战，流血牺牲，靠的正是坚定正确的政治信仰。和平建设时期，无数共产党人为了社会主义事业，艰苦奋斗，无私奉献，靠的还是坚定正确的政治信仰。改革开放以来，无数共产党人为了国家富强和民族振兴，顽强拼搏，勇往直前，靠的仍然是坚定正确的政治信仰”[②]。中国特色社会主义进入了新时代，社会的主要矛盾发生了变化，但理想信念仍然是事业发展的根本保证。中国梦要顺利实现，首先就要靠全体党员都树立起的坚定理想信念。坚定的理想信念是共产党员的行动指南。共产党员的理想信念在本质上是一种理论化的政治价值取向，是党员判断政治行为的标准，是党组织凝聚力的精神纽带，更规范着党员的

---

① 《以解决突出问题为突破口和主抓手 推动党的十八届六中全会精神落到实处》，《人民日报》2017年2月14日。

② 习近平：《扎实做好保持党的纯洁性各项工作》，《求是》2012年第6期。

政治行为。党员绝对信服理想信念的内容，才能自觉按照理想信念提供的思维模式和行为模式展开政治行为，步调一致地朝着共同的目标努力。作为年轻干部，只有树立坚定的政治理想，才能够团结一致，进一步提高领导干部政治能力，经受住各种风险挑战，永葆共产党人的政治本色。

### （二）正确把握政治方向是提高政治能力之本

方向指引道路，道路决定命运。坚定正确的政治方向，这是我们党带领人民群众取得巨大成就的实践经验，也是推进党和国家各项事业健康发展的基本保证。对年轻干部而言，干事创业必须具有正确的政治方向，政治能力最根本的就是把握正确的政治方向。担负起工作的神圣职责和光荣使命，坚定正确的政治方向至关重要。能否牢牢把握正确政治方向，事关党的政权稳固和国家长治久安。只有牢牢把握政治方向，才能在重大政治原则和大是大非问题上是非分明、坚定不移，才能在错综复杂的形势面前廓清迷雾、心明眼亮。中国共产党人的政治方向，就是中国特色社会主义的前进方向。换句话说，正确的政治方向就是坚持党的基本路线、方针、政策，坚持中国特色社会主义道路。无数的事实已经证明并继续证明着，中国特色社会主义的政治方向是中国历史的结论、中国未来的希望。坚持这一政治方向，不仅是推进党和国家各项事业健康发展的保证，而且对党员干部来说也是非常重要的。年轻干部要提升政治能力，把握政治方向是根本，只有方向正确了，才能取得事半功倍的效果，否则，只会适得其反。只有把握正确的政治方向，年轻干部才能真正提升政治能力，才能在复杂的斗争格局中辨别是非，才能在面对错误思潮、错误言论、错误行为时坚定立场，坚定不移沿着中国特色社会主义道路开辟新天地、创造新奇迹。

### （三）坚定站稳政治立场是提高政治能力之核

政治不是少数人的政治，而是人民大众的政治。政治能力最突出的表现，就是坚定人民立场，动员和组织广大人民群众为自己的利益而奋斗。习近平总书记指出：“人民立场是中国共产党的根本政治立场，是马克思主义政党区别于其他政党的显著标志。”[①] 进入新时代，习近平总书记把人民立场问题放在更高的位置，始终强调以人民为中心，坚持人民立场才能保持党的先进性和纯洁性。判断一个党员或组织的先进性和纯洁性，不是由这个政党本身来下结论，而是由人民群众来评判的，是以人民群众的满意度为衡量标准的。群众的眼睛是雪亮的，人民群众判断一个政党不但要看其所属政党的理念，还要看其路线方针政策，看政党的行为是否与宗旨一致。因而，年轻干部只有牢固地坚持人民立场，始终以人民为中心，才能获得人民的认同从而保持党的先进性和纯洁性；坚持人民立场才能使党拥有不竭的力量。百年的风雨历程已经充分表明，人民立场是我们党的力量之源。我们党站在人民的立场，始终以人民为中心，人民群众就真心地支持和拥护，共产主义者就能薪火相传，不断走向强大。新时期，各条战线上的优秀分子纷纷加入党组织，人民群众对党更加有信心，党才带领人民取得举世瞩目的成就，战胜前所未有的困难。新时代，也必然一如既往地以人民为中心，才能从广大人民群众中汲取力量，党才会有源源不断的动力；坚持人民立场才能保持党执政的合法性。中国共产党始终坚持人民的立场，始终以人民为中心，不断让人民群众看到实实在在的利益，人民群众广泛认同和支持中国共产党执政，党的执政合法性不断增强和提高。

### （四）增强政治鉴别能力是提高政治能力之要

政治鉴别力是党员筑牢防线的基本能力，是提高政治能力之要。进入新时代，人们的思想意识日益多样化，社会现象日益纷繁复杂，共产党员要做政治上的明白人，抵御住思想上、精神上的各种诱惑，就必须拥有敏锐的政治鉴别力。具有一定的政治鉴别力是由党员的身份和地位决定的。党员是一面旗帜，来自各条战线的优秀分子，影响着周围的广

① 习近平：《在庆祝中国共产党成立 95 周年大会上的讲话（2016 年 7 月 1 日）》，《人民日报》2016 年 7 月 2 日。

大人民群众。在任何时候对政治上的是非都要能够分清，因为党员是制定、执行党的路线和方针政策的决定因素，如果在政治上糊糊涂涂，分不清是非，就不可能担好组织者、领导者的角色，就会把人民群众带入歧途，影响党在人民群众中的形象，甚至给党的事业带来损失。所以，党员必须具有一定的政治鉴别能力，对全局性、战略性的重大问题做到能把握、善把握，能够分析大局、判断方向和形势。应对西方和平演变需要党员具有一定的政治鉴别力。国际上，敌对国家从来没有放弃过西化、分化的企图，不断变换手法对我们进行渗透、干涉和遏制，尤其是在经济领域、文化领域以及科技领域，输入他们认为的“普世价值”、意识形态等。这就需要党员干部政治鉴别力强，对冲击我国的主流历史观和价值观的东西作出敏锐的鉴别，采取必要的行动进行戳穿。中国经济社会的发展要求党员具有一定的政治鉴别力。实践发展永无止境，解放思想永无止境，改革开放也永无止境，停顿和倒退没有出路。但在改革中出现的一些问题，需要党员干部用敏锐的政治鉴别力作出甄别和判断。尤其是市场经济高速发展中出现的问题，影响着人们的思维和判断，急需年轻干部用敏锐的政治鉴别力对广大群众进行释疑解惑。

### （五）严格遵守政治纪律是提高政治能力之基

只有在严格遵守政治纪律的前提下，才谈得上提高和发挥政治能力，年轻干部才能在政治舞台上施展才能、实现抱负。严格遵守政治纪律是提高政治能力之基。“遵守党的政治纪律是遵守党的全部纪律的基础”[①]，在党的各项纪律中是最重要的纪律，是党员政治生活中必须遵守的行为规范。严明的政治纪律和政治规矩，是由我们党这个政治组织的性质和肩负的历史使命这种特殊性决定的。把政治纪律作为最重要、最根本、最关键的纪律，是我们党历来在实践中所坚持的重要原则。进入新时代后，政治纪律被放在更高的位置上，习近平总书记也在多种场

① 习近平：《在第十八届中央纪律检查委员会第六次全体会议上的讲话（2016 年 1 月 12 日）》，《人民日报》2016 年 5 月 3 日。

合，反复强调政治纪律问题，提出了一系列的具体要求和方法，为党员遵守政治纪律指明了方向，特别是把严明党的政治纪律放在严明党的纪律的首要地位加以强调，体现了政治纪律的重要性，彰显了中央对党的政治纪律的重视。政治纪律要求各级党组织和党员，与党中央保持高度一致。在什么问题上保持一致呢？主要是政治观点、政治原则、政治立场。对中央已经做出决定的重大方针和政策问题，不允许自行其是，公开发表与党的路线方针政策相反的言论；组织和党员有不同意见，绝不采取同中央的决定、决议相违背的行动，可以经过一定的组织程序提出，但必须是在坚决执行的前提下，确保在路线方针政策上与中央一致。因此，党的政治纪律在党的纪律中具有头等重要的地位，是关于政治原则、政治方向和党的政治路线方面的纪律和规矩。团结和领导中国最广大的人民群众创造美好生活，实现民族复兴，这是党既定的政治目标。如果党的奋斗离开了社会主义，就偏离了政治方向，就失去了党的一切奋斗和努力的意义。党的政治目标的保持，要靠党的政治纪律。政治纪律是政治底线，是不能触碰的政治红线，也是检验领导干部党性强不强、对党忠诚不忠诚的根本尺度。全党特别是年轻干部，一定要高度认识党的政治纪律的极端重要性，在实践中不断加强政治纪律修养，做自觉遵守党的政治纪律的模范。只有这样，才能在政治舞台上更好地施展才华，实现政治抱负。

## 三、提高政治能力只有进行时没有完成时

习近平总书记强调“领导干部加强修养、提升境界，不是一蹴而就的，也不是一劳永逸的，需要坚持不懈地持续努力”[①]，政治能力的提升也是如此。年轻干部提高政治能力是一项实实在在的系统工程，是随着政治实践发展而发展的永恒课题。不是一句空泛的口号，更不是一朝

① 习近平：《领导干部要认认真真学习 老老实实做人 干干净净做事》，《学习时报》2008 年 5 月 26 日。

一夕之功，而是一个不断锤炼的过程，是只有进行时没有完成时的终身课题。年轻干部在实践中要自觉加强政治历练，适应党和人民提出的新要求，不断把政治能力提高到新水平，自觉把讲政治贯穿于党性锻炼全过程，使自己的政治能力与担负的领导职责相匹配，在伟大事业的实践中担负起历史使命。

### （一）不断锤炼对党忠诚的政治品格

古人云："危身奉上，险不辞难曰忠。""天下至德，莫大于忠。"马克思主义政党的性质要求对党忠诚。忠诚，是每个党员的庄严承诺，对党忠诚是党员干部的灵魂，是每位党员首要的政治品质。习近平总书记指出："全党同志要强化党的意识，牢记自己的第一身份是共产党员，第一职责是为党工作，做到忠诚于组织，任何时候都与党同心同德。"①在党的历史上，时刻准备为共产主义事业奋斗终生，是中国共产党对党员政治忠诚的具体要求，也正是无数的共产党人忠诚于党的事业，革命才能成功，社会主义建设才能取得巨大成就。可以说，对党忠诚，是年轻干部必须坚持的第一原则，也是年轻干部的生命线，更是衡量年轻干部政治能力的重要标尺。习近平总书记指出："坚持对党绝对忠诚，必须对党高度信赖，做到热爱党、拥护党、永远跟党走。"② 对党绝对忠诚最终体现在实践中，忠诚于人民，始终把群众利益作为出发点和归宿，按照事业发展的规律和要求有效开展工作。

第一，牢记党员身份。年轻干部要在牢记党员身份上下功夫。加入党组织，就意味着身份的转变，不再是一个普通人，而是肩负着使命和责任的共产党人。因此，在实践中对自己不能像普通人那样要求，而是要按照党员的标准严格要求自己，哪些事情能做，哪些事情不能做，做到心中有数、心中有戒。在任何情况下，尤其是在艰难困苦的条件下，在生死危急关头，首先要想到自己是一名光荣的共产党员，时刻牢记自

---

① 《强化反腐败体制机制创新和制度保障 深入推进党风廉政建设和反腐败斗争》，《人民日报》2014 年 1 月 15 日。

② 《对党绝对忠诚是根本政治要求》，《人民日报》2016 年 2 月 15 日。

己的第一身份是人民的公仆，自己有义务为人民服务。面对困难要挺身而出，自觉地起到带头作用；在危急关头更要不怕牺牲，勇于担当，承担起共产党人应该承担的责任。在思想意识上，时刻清楚代表谁说话、代表谁做事；在日常行为中，必须体现出党员的身份，应该吃苦在前、享乐在后。尽自己最大的努力为群众办一些实事好事，以高度的政治责任感自觉带头投身到社会主义建设中去。在自己的工作岗位上做出更大的成绩，在本行业争当先锋和标杆，维护好党在人民群众心目中的形象。

第二，做老实人、办老实事。年轻干部要在做老实人、办老实事上下功夫。做老实人、办老实事，是一名共产党员的基本素养。习近平总书记强调，“老实做人、做老实人，是共产党员先进性的内在要求，是领导干部‘官德’的外在表现”。[①] 党员干部做老实人、办老实事，就是要忠诚敦厚、不趋炎附势、不仗势欺人，有立党为公的觉悟、情操和为真理献身的精神，说到底就是要守纪律、讲规矩，不做不切实际的事情。做老实人、办老实事，要坚决反对“两面人”。“两面人”本质就是在政治上言行不一，张口“廉洁”、闭口“清正”，把理想信念讲得唾沫横飞，但实际上毫无理想信念，私底下疯狂敛财，说一套、做一套，善于“伪装”，善于“隐形”。早在十八届中央纪委六次全会上，习近平总书记对“两面人”揭露得非常彻底，要求必须及时把他们辨别出来、清除出去。

第三，牢固树立“四个意识”。作为年轻干部，无论何时何地，都要增强政治意识，只有强化政治意识，才能忠实履行使命。党员的政治意识强，党就团结有力。所以，年轻干部要始终绷紧政治这根弦，在任何事情、任何情况下都要旗帜鲜明地讲政治。大局就是全局，习近平总书记指出，必须牢固树立高度自觉的大局意识，自觉从大局看问题，把工作放到大局中去思考、定位、摆布，做到正确认识大局、自觉服从大

① 习近平：《领导干部要认认真真学习 老老实实做人 干干净净做事》，《学习时报》2008 年 5 月 26 日。

局、坚决维护大局。从全局中考虑自己的工作才会事半功倍，从全局去把握问题才能有效解决问题。因而，年轻干部要自觉维护大局的利益，处处为大局着想，把自己的工作与党的事业联系起来，树立高度的大局意识。有了核心意识，党员才能朝着正确的方向前进，党才能团结起来干大事；没有核心意识，党和国家就会成为一盘散沙。所以年轻干部务必牢固树立核心意识，坚决拥护以习近平同志为核心的党中央，在各个方面自觉与中央保持一致。主动向中央看齐，做到层层立标杆、作示范，才能形成强大的引领力量。齐则有序，齐则有力，齐则有效。全党步调一致，形成上下一心的局面离不开看齐意识。因此，年轻干部务必要以中央要求为行动指南，做到令行禁止、以党中央为最高标杆，不断增强看齐意识，全党上下团结一致，为共同的理想而奋斗。

### （二）着力提升马克思主义理论素养

理论上成熟是政治上坚定的基础。中国共产党是马克思主义政党，马克思主义是颠扑不破的真理，学习和掌握马克思主义理论是这个政党保持自身性质不发生改变的应然行动。“尤其在党和国家处于历史转折时期、事业发展处于新的起点、前进道路上遇到大的困难、世界社会主义运动出现风波、国内外敌对势力借机制造思想混乱的时候，我们党更加注重用科学理论武装党员、教育干部，起到了统一全党思想、凝聚全党力量的重要作用。”[①] 进入新时代，我国经济发展进入新常态，我国的主要矛盾发生了变化，在新的发展中，新情况、新问题、新矛盾层出不穷。与此同时，一些党员的世界观、人生观、价值观在市场经济的发展、社会关系的利益格局变动中受到了冲击。再加上外来文化和思潮的冲击，敌对势力有目的的渗透，一些党员甚至理想信念发生动摇。这些情况与我们党的先进性是不相容的。因此，习近平总书记多次强调，“马克思主义理论素养是领导干部的必备素质”[②]，“学习马克思主义基

① 习近平：《加强和改进新形势下党的建设的纲领性文献》，《人民日报》2009 年 10 月 9 日。

② 《突出抓好理论教育党性教育 着力提高干部思想道德素质》，《人民日报》2010 年 9 月 28 日。

本理论是共产党人的必修课”[①]，要“真正掌握马克思的主义立场观点方法，坚持以与时俱进的态度学习和运用马克思主义理论”[②]。

第一，抓住马克思主义经典著作这个“牛鼻子”。“马克思列宁主义，为中国人民点亮了前进的灯塔”[③]，马克思主义经典作家们为了更好地指导无产阶级革命，不断追求真理、探索真理，结合革命斗争的实际进行大量艰苦的创作，人类探索真理的丰富思想成果都被他们汲取到作品中去。他们的作品不但体现着经典作家攀登科学理论高峰的不懈追求和艰辛历程，还体现着他们的坚定政治立场和政治信仰，尤其是体现着他们为其所要开创的事业献身的品质。马克思主义经典著作作为本源和基础，是马克思主义理论的直接体现，是“老祖宗”。抓住了马克思主义经典著作，真正掌握立场、观点、方法，就抓住了提升马克思理论素养的“牛鼻子”，对提升马克思主义理论修养有直接的帮助。一方面，要弄清楚读哪些马克思主义经典著作。习近平总书记要求“要突出重点，精选精学”，他特意指出《马克思恩格斯文集》《列宁专题文集》中的代表性篇目要精读，并且点出了《共产党宣言》《〈政治经济学批评〉序言》《路德维希·费尔巴哈和德国古典哲学的终结》《社会主义从空想到科学的发展》以及列宁的《国家与革命》《唯物主义与经验批判主义》《论粮食税》《共产主义运动中的“左派”幼稚病》等文章，强调这些文章有的阐明了马克思主义的世界观和方法论，有的对唯物史观作了深入阐释，有的介绍了科学社会主义基本理论，有的阐发马克思主义国家学说，有的探索了社会主义建设的道路，这些都对中国的革命和建设具有指导意义，对党员一定会有很大收益。党员干部要提升理论修养，都要挤时间来学习这些经典著作。另一方面，要弄清楚用哪些方法来学习这些经典著作。学习经典著作不仅需要对知识的渴望，更需要有恰当的学

① 《深刻感悟和把握马克思主义真理力量 谱写新时代中国特色社会主义新篇章》，《人民日报》2018 年 4 月 25 日。

② 《领导干部要加强党性修养提高综合素质》，《人民日报》2009 年 3 月 2 日。

③ 习近平：《在纪念毛泽东同志诞辰 120 周年座谈会上的讲话（2013 年 12 月 26 日）》，《人民日报》2013 年 12 月 27 日。

习方法，做到事半功倍。一要从心理上高度重视。习近平总书记指出，共产党人的政治信仰就是马克思主义，当下，各种社会思潮对马克思主义产生了巨大的冲击，给我们的思想带来挑战，只有认真学习马克思主义经典著作，把马克思主义作为看家本领，才能抵御各种错误思潮，掌握其中的思想资源和理论精华，才能避免在错综复杂的形势中无所适从，真正做到对马克思主义虔诚而执着、至信而深厚。二要刻苦钻研原著。要真正对马克思主义精神实质深刻理解，离不开对原著的刻苦钻研，要原原本本、反反复复地读，要在细嚼慢咽中去感悟，绝不能浅尝辄止、浮光掠影。只有在原著中，才能看到直接而严谨的理论阐述，才能杜绝种种误读。马克思指出他们的著作用了前人没有使用的方法，这就使得著作的阅读和理解相当困难，为了充分理解，我们可以阅读一些辅助材料，但不能代替对原著的阅读。恩格斯曾经多次要求按照作者的原样去阅读，而不是根据第二手的材料来研究。列宁也多次指出，对于读不懂的地方要反复读，绝不能被困难吓倒，要再三研究、反复探讨。新时代，党员学习马克思主义经典著作，更是要研读原著，认真体会其中历久弥新的思想价值。要持之以恒地读，如饥似渴地读，积沙成塔，坚持研读下去，成为常态。三要抓住学习的重点。重点就是学习中的主要矛盾，学习马克思主义经典著作，有很多原因和目的，掌握马克思主义基本原理，这是重中之重的、是最关键的，学会了这个就可掌握其中的立场观点方法。在面对非马克思主义思潮时就能看清其本质，就可以破除教条式的理解，更好地掌握和运用马克思主义。抓好学习的重点，还要对一些东西重点学，“突出重点，精选精学”，如习近平总书记就强调“努力把马克思主义哲学作为自己的看家本领”①。进入新时代之后，中央政治局两次专门集体学习马克思主义哲学。与此同时，在学习中还不能被具体条件的个别词句束缚住手脚。四要注重对科学理论的运用。学习的目的在于运用，理论本身就是行动指南。全体党员认真学习经典

① 《推动全党学习和掌握历史唯物主义 更好认识规律更加能动地推进工作》，《人民日报》2013年12月5日。

著作，不是用本本去框实践，而是用其中的理论来认识现实世界，运用其中的世界观和方法论来深化对新时代的认识，探寻解决问题的途径，提升解决问题的能力。“学习的目的全在于运用。领导干部加强学习，根本目的是增强工作本领、提高解决实际问题的水平。”[①] 五要在学习经典著作中解决好理想信念问题。我们党以共产主义为最终目标，马克思主义经典著作坚持了人民根本立场，是从人民的根本利益出发来解释世界的，科学论证和阐释了社会主义、共产主义的历史趋势，科学分析和抨击了资本主义。结合党员改造主观世界的实际，党员的理想信念，党员的世界观、事业观，为共产主义奋斗的精神和道德，应当在学习经典著作中得到很好的解决。

第二，与时俱进地学习中国化马克思主义理论。历史在前进，时代在发展，实践也在不断地进行。加强理论修养，不但要坚持马克思主义，还要随着时代的进步和实践的发展来学习、运用、丰富马克思主义。“我们要以科学的态度对待科学，以真理的精神追求真理，不断赋予马克思主义以新的时代内涵。”[②] 只有与时俱进地创新和发展马克思主义，不断赋予其新鲜血液，才能时刻保持马克思主义的生机和活力。新时代，最重要的就是认真学习和掌握习近平新时代中国特色社会主义思想，用这一最新的中国化马克思主义武装头脑，作为行动的指南。运用新思想推进工作，找准落实中央要求的切入点，尤其是用新思想解决前进中遇到的难题，化解来自不同方面的风险，从而不断推进中国梦的顺利实现。

第三，在推进伟大事业的实践中不断增强学习本领。好学才能上进，梦想从学习开始，事业从实践起步。在增强理论修养水平上也是如此，只有不断增强学习本领，才能更加深刻地领会理论、掌握理论、运用理论，才能不断提升理论修养水平。一是树立正确的学习态度。加强

---

① 习近平：《在中央党校建校 80 周年庆祝大会暨 2013 年春季学期开学典礼上的讲话（2013 年 3 月 1 日）》，《人民日报》2013 年 3 月 3 日。

② 《深刻感悟和把握马克思主义真理力量 谱写新时代中国特色社会主义新篇章》，《人民日报》2018 年 4 月 25 日。

理论学习，必须克服影响理论学习的各种思想障碍，从思想上重视学习，树立正确的学习态度。要认识到领导干部学习事关重大。习近平总书记多次强调，把学习作为一种责任，执政兴国、执政为民是领导干部承担的重要职责，而要承担起职责离不开读书学习；要深刻认识到学习是拒腐防变、强基固本的良药。在工作实践中，只有认真学习马克思主义，才能强化无产阶级思想意识，从而不断增强政治免疫力，克服形形色色的非无产阶级观点。二是树立正确的学习理念。新时代，要不断提升理论修养水平，就要不断更新学习理念，树立正确的学习理念。树立新的学习型理念，习近平总书记多次强调“中国要永远做一个学习大国”[①]，做学习大国要有新的学习型理念；树立新的时间型理念，合理安排好学习时间，学会巧妙地运用时间，珍惜时间，在有限时间内学好知识；树立工作学习一体化的理念，学习的深化，更是工作的新形式，党员干部要把工作当作学习的平台；树立学习力就是战斗力的理念，新时代，各种新情况新问题涌现，党员干部只有增强学习力，才不会失去战斗力，才能按照马克思主义原则处理好各种问题；树立终身学习的理念，学习是党员一辈子的事情，没有终点、只有起点，在工作和实践中，自觉把提升理论修养、把学习贯穿生命全过程。三是发扬优良学风，摒弃不良学风。学风问题是对待马克思主义的态度问题。要增强学习能力，提升理论修养水平，就必须克服不良的学风，营造良好的学习氛围。要坚持理论联系实际的学风。发扬马克思主义学风，要紧密联系工作的实际，不断提升认识问题和解决问题的能力，提高开展创造工作的能力，提高为人民群众办事的能力，为党的事业的发展做出贡献。要树立艰苦求实的学风。理论学习是艰苦的，需要发扬挤劲、钻劲、韧劲，否则怕苦畏难是不能取得好的理论学习效果的。四是学习方法上要兼容并蓄、不断创新。在学习问题上，习近平总书记强调学习知识是一种学问，学习方法必须正确，好学才能上进，好学才有本领。要正确把握学习的方向，“马克思主义所指引的方向”是习近平总书记反复强调

① 《中国要永远做一个学习大国》，《人民日报》2014 年 5 月 24 日。

的学习方向，有了这个方向，才能学到有益的知识，克服陷入盲目状态甚至误入歧途的危险。要勤学善思，要坚持阅读与思考的统一，学习与思考、勤学与善思是相互联系和相辅相成的。要聚焦工作地学，要把研究和解决重大现实问题作为学习的根本出发点。在学习过程中，要结合自己的工作实际，脑子里经常装几个问题，反复思考，做到干中学、学中干。要坚持求知善读。读书要用“巧力”，读得巧，读得实，读得深，懂得取舍，注重思考，力争在有限的时间内取得最佳的读书效果。此外，还要强基固本地学，紧跟党的理论创新；要拓宽视野地学，不断增强知识学养和理论修养水平。

### （三）自觉接受党内政治生活锻炼

党的事业的发展过程，尤其是党的建设是同党内政治生活密切联系在一起的。党内政治生活是年轻干部历练政治能力的大熔炉，解决党内自身问题的重要途径，锻炼党性、提高思想教育的熔炉，党员进行党性锻炼的主要平台。这些地位和作用的正确判断显示出习近平总书记对党内政治生活的深刻认识。事实表明，只有炉火烧旺了，才能锻造过硬的政治素质。要炉火烧旺，关键是增强党内政治生活的“四性”，在增强“四性”中提升政治能力。

第一，增强党内政治生活的政治性。马克思主义政党具有强烈和鲜明的政治性，政治性体现中国共产党的性质宗旨和职能使命。在党内政治生活的“四性”中，把政治性作为“第一性”，有着极为重要的现实意义。坚定正确的政治方向是党内政治生活政治性中首先要把握的，这是第一位的。只有抓好了这个问题，在方向引导和指引下，全体党员才能够在实践中付诸行动，做到向中央看齐、自觉维护党中央权威。有了这“第一性”，其他三性也会得到提升。人心向背关系党的生死存亡，坚持“民心是最大的政治”是增强党内政治生活的政治性核心。党员干部的根本政治立场就是人民立场，要与人民同甘共苦，努力将人民群众对美好生活的向往变为现实，下大气力解决好人民不满意的问题，把党中央关爱民众、改善民生的决策部署落实到党和国家各项工作中去。维护党中央权威是增强党内政治生活的政治性的根本。维护党中央权威，统一全党的意志，保证令行禁止，把党中央的精神和决策部署不折不扣落到实处，坚决杜绝有令不行、有禁不止的情况出现。增强党内政治生活的政治性，领导干部严守党的政治纪律和政治规矩是关键。党内政治生活的正常运行要靠其来保证，因为这个关键决定着党内政治生活的发展态势。全体党员，特别是党的领导干部严格遵守政治纪律和政治规矩，这是作为党员的基本红线。增强党内政治生活的政治性，重要的是净化党内政治生态，基础的是突出全党思想政治建设。党内政治生活要真正严肃起来，就必须做好这些，这样党内政治生活的政治性也就突显出来了。

第二，增强党内政治生活的时代性。每个时代有每个时代的任务和特点，每个时代都有每个时代的独特的问题，这些问题都具有独特性。习近平同志指出："只有立足于时代去解决特定的时代问题，才能推动这个时代的社会进步。"① 党内政治生活要做到及时发现和解决党内出现的新问题，聆听时代声音、紧跟时代步伐、找准历史方位、准确把握时代要求，才会显现活力。完成党的时代任务，完成党肩负的历史使命，是增强党内政治生活时代性的目的，就当前来说，我们党所承担的时代任务，就是实现"两个一百年"的奋斗目标。党内政治生活要紧紧围绕我们党承担的这一艰巨而伟大的时代任务来开展，强化我们党建事业的领导核心地位。增强党内政治生活的时代性，关键是应对党所面临的时代挑战。"四大考验""四大危险"是时代向党提出的重大挑战，严肃党内政治生活，必须勇敢直面、主动应对，才能坚持和巩固党的领导地位和执政地位。增强党内政治生活的时代性，重点是解决党内存在的时代问题。马克思主义政党必须是有勇气、有能力解决自己问题的党，通过党内政治生活，有的放矢地认真解决党内存在的突出问题。增强党内政治生活的时代性，还要根据时代发展创新制度规则和方式手段，坚持用当代中国马克思主义武装全党，才能促进党内政治生活常态标准和

① 习近平：《之江新语》，浙江人民出版社 2007 年版，第 235 页。

完整体系的形成，才能真正推动生动活泼的政治局面。

第三，增强党内政治生活的原则性。坚持原则，是党内政治生活是否正常的一个重要保证。在党内政治生活中，时时处处都要坚持原则，原则性对党内政治生活的正常化是十分重要的。在原则问题上退一寸，党内政治生活就松一尺，党员队伍就散一丈。所以，要按原则处理党内各种关系。党内又是存在各种错综复杂矛盾的，当遇到这样那样的矛盾时，要按原则解决党内矛盾和问题，把捍卫原则作为责任和使命。党内不论职务高低都要坚持原则。职务再高也要主动接受党内政治生活原则的约束，既不存在由于职务低甚至没有职务而游离于党内政治生活原则之外的党员，也不存在凌驾于党组织之上的特殊党员。不论问题大小、轻重都要坚持原则。不能因为党内政治生活中存在的问题性质严重、涉及的党员干部职务高，就怕惹麻烦，不敢捅马蜂窝，想方设法捂住盖子、以纸包火、瞒天过海，不敢按原则揭露处理，而是要正视抓大抓要抓重点的震慑力和警示力；也不能因为党内政治生活中存在的问题性质轻微，只是发生于少数一般党员身上，就认为成不了大气候，小事化了，而是要相信针尖大的窟窿能透过斗大的风，正视抓早抓小抓苗头的教育力和关爱力。不论涉及众寡都要坚持原则。不能因为问题错误量大面广、涉及人多，就法不责众；也不能因为涉及面窄，就忽略不计，养痈遗患，党内政治生活不能存在“死角”“空白”；不论对上对下都要坚持原则。领导干部对党员不能颐指气使，不能自认为高人一等，要充分尊重基层党员、普通党员。反过来讲，党员对领导干部也要坚持原则，做到不能阿谀奉承，更不能低三下四、拉帮结派。领导干部不能搞家长制，更不能要求其他党员对自己唯命是从；下级对上级的要求不能无原则服从，若上级违反党纪国法，下级应当坚决抵制的同时，并向更上级直至中央报告。不论对人对己都要坚持原则。不能马克思主义对人、自由主义对己，教育别人头头是道，自己却说一套做一套。一些党员领导干部之所以在群众中没有威信，一个重要的原因就是台上台下的双重人格和对人对己的双重标准。

第四，增强党内政治生活的战斗性。每个党员都成为扶正祛邪的战斗员，每个党组织都成为激浊扬清的战斗堡垒，这是党通过政治生活最想达到的效果。要达到这样的效果，需要在党内政治生活中做到旗帜鲜明，在对待错误的问题上不但能够勇于承认，还要能够勇于纠正，对批评和自我批评的武器要敢于使用、善于使用。增强战斗性，根本的是充分运用好批评和自我批评这个武器。批评要达到触及思想、触及灵魂的效果，不绕弯子、直奔主题，真刀真枪提意见，要有抛开面子的勇气、敢于交锋的精神，原则问题上进行思想斗争。还要处理好批评与妄议的关系，对待错误要当面讲清楚，不背后乱说，不在背后搞小动作，更不妄议中央大政方针。增强战斗性，党员要旗帜鲜明地反对和抵制歪曲、丑化、否定社会主义制度、党的路线方针政策的言行，在原则问题上敢于亮剑、敢于碰硬。增强战斗性，必须坚决同消极腐败现象做斗争，营造风清气正的政治生态。坚决抵制各种潜规则，决不把商品交换那一套搬到党内政治生活和工作中来，促进党内政治生活正常化。

### （四）在复杂斗争实践中积累政治经验

只有在时代的风口浪尖上经历无数风吹浪打，政治能力才能锤炼出来。换句话说，实践是锤炼能力的大熔炉，政治能力归根结底源于实践的砥砺和磨炼，只有在破解一个又一个难题中才能实现能力素质的跃升，才能消除“本领恐慌”，才能逐步变“老练”。新时代，伟大斗争是对领导干部政治能力的直接考验，年轻干部务必要在伟大斗争中积累政治经验、提升政治能力。

第一，面对危机敢于挺身而出。在中国特色社会主义进入新时代的关键时刻，面对错综复杂的形势和成千上万的困难与挑战，有许多“娄山关”“腊子口”需要征服。如在深化改革的问题上，有许多意想不到的困难和阻力。在经济社会的发展中，会发生许多突发事件，也会有许多自然灾害。在这些危急时刻，年轻干部就要敢打攻坚战、敢蹚深水区，要有明知山有虎、偏向虎山行的劲头。要带领人民群众战风险、渡难关，而绝不能在危机面前畏首畏尾、瞻前顾后。要关键时刻豁得出来、顶得上去，而绝不能茫然不知所措，手忙脚乱。要在危急情况、大灾大难、突发事件时临危不惧、靠前指挥，而绝不能躲闪回避、贻误时机，给工作造成被动。在伟大斗争中，真正成为带领人民群众战风险、渡难关的主心骨。

第二，面对矛盾敢于迎难而上。新时代，国内外环境都在发生极为广泛而深刻的变化。中国要在中国共产党的带领下实现奋斗目标还有不少困难和问题。经过改革开放40多年的发展，一系列矛盾彰显亟须有效解决，人民的期盼需要共产党人作出有效回应。不论什么样的困难和矛盾，都只是前进路上的绊脚石，我们完全可以采取行动进行克服。要前进，困难和矛盾是绕不过去的，要以坚韧的毅力迎接社会主义建设的重重困难和种种挑战。每克服一个困难和矛盾就会前进一步，就会迈上一个新的台阶。解决一个难题就是打一场硬仗，年轻干部在困难和矛盾面前，要抱着迎难而上的决心，以敢啃“硬骨头”的勇气，找准“突破口”，认真去做、用心去做、努力去做，必能“逢山开路，遇水架桥”，再大的困难都会迎刃而解。年轻干部绝不能坐看矛盾问题积累恶化，也不能有“等靠要”的想法，更不能推卸责任、金蝉脱壳。要从解决具体问题做起，直面问题和矛盾，义无反顾地承担自己肩负的历史使命。

第三，增强底线思维。底线是事物存在和发展的最低限度，底线思维是以底线为导向的一种科学思维方法。进入新时代，习近平总书记多次要求全党要善于运用底线思维，“坚决守住不发生系统性和区域性金融风险的底线”，“要按照‘守住底线、突出重点、完善制度、引导舆论’的思路做好民生工作”等，这些都是底线思维的具体要求。在实践中，年轻干部要以底线为出发点，把握主动权，有效规避风险挑战，在伟大事业中积极作为，勇担责任，确保完成目标任务。年轻干部还要学会用底线思维来“说话办事”，克服“不求过得硬，只求过得去”的态度，积极争取更好的结果。要守好清正廉洁的底线，主动在思想上划出红线，在行为上明确界限。要有忧患意识，做到未雨绸缪，防患于未然，提高应对风险挑战、驾驭复杂局面的能力。

第四，面对大是大非敢于亮剑，面对歪风邪气敢于坚决斗争。当前意识形态领域形势总体上向好，但是随着市场经济的发展，特别是网络技术的发展，给意识形态工作带来挑战。一些敌对势力制造大量混淆视听的负面舆论，造谣污蔑、借题发挥、小题大做、挑拨离间给我们带来各种麻烦和问题，尤其是意识形态网络渗透的力度不断加大，用各种形式给广大人民群众制造烟幕弹，使意识形态领域渗透与反渗透的斗争尖锐复杂。敌对势力和敌对分子在境外互联网建立了大量反动网站，利用网络大肆炒作我国的负面新闻；有的通过各种途径隐藏起来，通过其代理人对我国进行意识形态渗透，通过网络发布对中国时局的评论；有的鼓动互联网企业政治化，捏造、传播“民主”“法治”“宪政”“垄断”“国企改革”等煽动网民的议题；有的地下宗教，利用网上传教；有的则是到处宣扬历史虚无主义，误导、扰乱群众视线。面对这些情况，年轻干部既要敢于亮剑、敢于斗争，又要善于斗争，做“战士”不做“绅士”，坚决抵制错误思想侵蚀，在斗争中不断提升政治能力。

提高政治能力，是随着政治实践发展而发展的永恒课题，是年轻干部的终身课题。年轻干部必须适应党和人民提出的新要求，要炼就一双政治慧眼，不畏浮云遮望眼，切实担负起党和人民赋予的政治责任，善于从政治上把大局、看问题，始终做政治上的明白人，不断把政治能力提高到新水平。

## 拓展阅读

### 不断增强“四个意识”、坚定“四个自信”、做到“两个维护”①

（2017 年 10 月 25 日—2019 年 5 月 31 日）

一

党中央权威和集中统一领导，最关键的是政治领导。看一名党员干部特别是高级干部的素质和能力，首先看政治上是否站得稳、靠得住。站得稳、靠得住，最重要的就是要牢固树立“四个意识”，自觉在思想上政治上行动上同党中央保持高度一致，坚决维护党中央权威和集中统

① 《习近平谈治国理政》第 3 卷，外文出版社 2020 年版，第 83—88 页。

一领导，在各项工作中毫不动摇、百折不挠贯彻落实党中央决策部署，不打任何折扣，不耍任何小聪明，不搞任何小动作。中央委员会的每一位同志都要旗帜鲜明讲政治，自觉以马克思主义政治家的标准严格要求自己，找准政治站位，增强政治意识，强化政治担当。要注重提高政治能力，特别是把握方向、把握大势、把握全局的能力和保持政治定力、驾驭政治局面、防范政治风险的能力。谋划事业发展，制定政策措施，培养干部人才，推动工作落实，都要着眼于我们党执政地位巩固和增强，着眼于党和人民事业发展。要严格遵守政治纪律和政治规矩，全面执行党内政治生活准则，确保党中央政令畅通，确保局部服从全局，确保各项工作坚持正确政治方向。

（2017 年 10 月 25 日在中共十九届一中全会上的讲话）

## 二

坚持和加强党的全面领导，首先要维护党中央权威和集中统一领导。保证全党令行禁止，是党和国家前途命运所系，是全国各族人民根本利益所在。中央政治局的同志对此必须保持十分清醒的认识。党的十九大在新时代党的建设总要求中明确提出加强党的政治建设，把保证全党服从中央、坚持党中央权威和集中统一领导作为党的政治建设的首要任务。维护党中央权威和集中统一领导，是我国革命、建设、改革的重要经验，是一个成熟的马克思主义执政党的重大建党原则。中央政治局的同志要把维护党中央权威和集中统一领导作为明确的政治准则和根本的政治要求，在思想上高度认同，政治上坚决维护，组织上自觉服从，行动上紧紧跟随，在政治立场、政治方向、政治原则、政治道路上同党中央保持高度一致，自觉维护党中央权威。这是对大家党性的考验，也是根本的政治纪律和政治规矩。

（2017 年 12 月 25 日—26 日在主持中共中央政治局民主生活会时的讲话要点）

## 三

坚持党的领导是方向性问题，必须旗帜鲜明、立场坚定，绝不能羞羞答答、语焉不详，绝不能遮遮掩掩、搞自我麻痹。坚持党的领导，最根本的是坚持党中央权威和集中统一领导。党章规定“四个服从”，最根本的是全党各个组织和全体党员服从党的全国代表大会和中央委员会；党中央强调“四个意识”，最根本的是坚决维护党中央权威和集中统一领导。这都不是空洞的口号，不能只停留在口头表态上，要落实到行动上。党中央要求各级领导干部特别是高级干部当政治上的明白人，做到心中有党，就是要自觉把工作放在党中央工作大局中考量和部署，自觉做到党中央提倡的坚决响应、党中央决定的坚决执行、党中央禁止的坚决不做，执行党中央决策部署不讲条件、不打折扣、不搞变通。

（2018 年 1 月 11 日在中共十九届中央纪委二次全会上的讲话）

## 四

党政军民学，东西南北中，党是领导一切的。坚持党的领导，首先是坚持党中央权威和集中统一领导，这是党的领导的最高原则，任何时候任何情况下都不能含糊、不能动摇。我们要求全党尊崇党章，增强政治意识、大局意识、核心意识、看齐意识，完善坚持党的领导的体制机制，提高党把方向、谋大局、定政策、促改革的能力和定力，坚决扭转一些地方和部门存在的党的领导弱化、党的建设缺失现象，确保全党在思想上政治上行动上同党中央保持高度一致。

（2018 年 7 月 3 日在全国组织工作会议上的讲话）

## 五

我们党是按照马克思主义建党原则建立起来的，形成了包括党的中央组织、地方组织、基层组织在内的严密组织体系。这是世界上任何其他政党都不具有的强大优势。党中央是大脑和中枢，党中央必须有定于一尊、一锤定音的权威，这样才能“如身使臂，如臂使指，叱咤变化，无有留难，则天下之势一矣”。党的地方组织的根本任务是确保党中央决策部署贯彻落实，有令即行、有禁即止。党组在党的组织体系中具有特殊地位，要贯彻落实党中央和上级党组织决策部署，发挥好把方向、管大局、保落实的重要作用。每个党员特别是领导干部都要强化党的意识和组织观念，自觉做到思想上认同组织、政治上依靠组织、工作上服从组织、感情上信赖组织。

（2018 年 7 月 3 日在全国组织工作会议上的讲话）

## 六

增强“四个意识”、坚定“四个自信”、做到“两个维护”，是具体的不是抽象的，领导干部特别是高级干部必须从知行合一的角度审视自己、要求自己、检查自己。对党中央决策部署，必须坚定坚决、不折不扣、落实落细。要严守政治纪律，在重大原则问题和大是大非面前，必须立场坚定、旗帜鲜明。要心底无私，正确维护党中央权威，对来自中央领导同志家属、子女、身边工作人员和其他特定关系人的违规干预、捞取好处等行为，对自称同中央领导同志有特殊关系的人提出的要求，必须坚决抵制。

（2019 年 1 月 11 日在中共十九届中央纪委三次全会上的讲话要点）

## 七

要加快推进马克思主义学习型政党、学习大国建设，坚持把学习贯彻新时代中国特色社会主义思想作为重中之重，坚持理论同实际相结合，悟原理、求真理、明事理，不断增强“四个意识”、坚定“四个自信”、做到“两个维护”，教育引导广大党员、干部按照忠诚干净担当的要求提高自己，努力培养斗争精神、增强斗争本领，使思想、能力、行动跟上党中央要求、跟上时代前进步伐、跟上事业发展需要。

（2019 年 2 月 27 日为第五批全国干部学习培训教材所作的《序言》）

## 八

开展这次主题教育，就是要坚持思想建党、理论强党，坚持学思用贯通、知信行统一，推动广大党员干部全面系统学、深入思考学、联系实际学，不断增强“四个意识”、坚定“四个自信”、做到“两个维护”，筑牢信仰之基、补足精神之钙、把稳思想之舵。

（2019 年 5 月 31 日在“不忘初心、牢记使命”主题教育工作会议上的讲话）

# 第二章

# 提高调查研究能力，增强干事的“地气”

2011 年 11 月 16 日，习近平同志在中央党校秋季学期第二批入学学员开学典礼上讲话指出：“调查研究是做好领导工作的一项基本功，调查研究能力是领导干部整体素质和能力的一个组成部分。”① 进入新时代，习近平总书记多次强调调查研究问题，并身体力行作出示范。当前，中华民族伟大复兴的历史进程正有序推进，世界百年未有之大变局在加速演变，面对诸多新情况、新问题和新矛盾，如何才能有效找到准确而又科学的答案，这些都要求我们党的各级领导干部，尤其是年轻干部提高调查研究能力，将党的优良传统发扬光大，为科学决策奠定坚实基础，以应对时代挑战，迎接时代之问。

## 一、没有调查就没有发言权

调查研究是指通过各种途径，运用各种方式方法，有计划、有目的地了解事物真实情况，进行分析加工，从而获得对客观事物本质和规律的认识。提高领导干部调查研究能力是继承和发扬党的优良传统的需要，是实现党在新时代的历史使命的必然要求，也是各级领导干部解决本领恐慌、解决新时代问题的迫切需要，还是各级领导干部与时俱进的

① 习近平：《谈谈调查研究》，《学习时报》2011 年 11 月 21 日。

永恒课题。

## （一）提高调查研究能力是继承和发扬党的优良传统的需要

调查研究是共产党人重要思想方法和工作方法。习近平总书记指出：“重视调查研究，是我们党在革命、建设、改革各个历史时期做好领导工作的重要传家宝。”[①] 中国共产党是以马克思主义为指导思想的政党，党从成立的那一天起就把马克思主义写在了自己的旗帜上。马克思主义是实践的理论，是在人民求解放的实践中形成、丰富和发展起来的，是从实践到理论、理论到实践、实践再到理论的深刻现实运动，不是从理论到理论的简单逻辑推演。

马克思主义的创始人就是调查研究的典范。恩格斯曾历时 21 个月深入英国工人群众中间了解他们的生活和思想，他“放弃了资产阶级的社交活动和宴会、波尔图酒和香槟酒，把自己的空闲时间几乎全部用来和普通工人交往”[②]，并于 1845 年写下《英国工人阶级状况》，实现了从空想社会主义、旧民主主义、青年黑格尔学派的立场向唯物史观的转变。

在马克思主义和中国实际相结合的过程中，中国共产党人始终把调查研究放在重要位置。中国共产党的创始人之一、党的第一代领导集体的核心——毛泽东同志一生中就做了大量调查研究，写下了大量调研报告，如《湖南农民运动考察报告》《中国佃农生活举例》《寻乌调查》《兴国调查》《东塘等处调查》《木口村调查》《长冈乡调查》《才溪乡调查》等。这些调查研究活动使得他准确把握了中国基本国情，走出了一条工农武装割据、农村包围城市的符合中国国情的革命道路。《湖南农民运动考察报告》是收入《毛泽东选集》的唯一一篇调查报告。这篇报告是毛泽东为了答复当时党内党外对于农民革命斗争的责难而写的。为了这个目的，毛泽东到湖南，从 1927 年 1 月 4 日起至 2 月 5 日止，共

① 习近平：《谈谈调查研究》，《学习时报》2011 年 11 月 21 日。

② 《马克思恩格斯选集》第 1 卷，人民出版社 2012 年版，第 81 页。

32天，实地考察了湘潭、湘乡、衡山、醴陵、长沙五县的情况。在乡下，在县城，他召集有经验的农民和农运工作同志开调查会，仔细听他们的报告，所得材料不少。正如毛泽东自己所说，许多农民运动的道理，和在汉口、长沙从绅士阶级那里听到的道理，完全相反；许多奇事，则见所未见，闻所未闻。正是因为有这样的体会和收获，所以后来毛泽东坚持亲自做调查研究，一生中做了大量调查研究，而《湖南农民运动考察报告》因为其强大的现实说服力，在当时引起了广泛关注。在历史的紧要关头，为革命进一步指明了方向，推动了农村大革命运动的继续发展。

此后，毛泽东同志在中国革命时期每到一处就深入群众调查研究。1930年在《寻乌调查》的前言中，他说："我过去做过湘潭、湘乡、衡山、醴陵、长沙、永新、宁冈七个有系统的调查"①，但是这些调查报告在环境极端恶劣的大革命和井冈山时代损失了。在《反对本本主义》中，他提出"没有调查，就没有发言权"的著名论断，形象地说"调查就像'十月怀胎'，解决问题就像'一朝分娩'。调查就是解决问题"②，指出离开实际调查会导致唯心主义进而出现不是机会主义就是盲动主义的巨大危害。在此文中，他还对调查研究的方法进行具体细致的指导，如开调查会做讨论式的调查、调查会到些什么人、开调查会人多好还是人少好，以及要定调查纲目、亲自出马、自己做记录等。

邓小平同志认为，"离开群众经验和群众意见的调查研究，那末，任何天才的领导者也不可能进行正确的领导"。③ 陈云同志曾说："领导机关制定政策，要用百份之九十以上的时间作调查研究工作，最后讨论作决定用不到百分之十的时间就够了。"④

2015年6月12日，习近平总书记在纪念陈云同志诞辰110周年座谈会上，深情地回忆了陈云的革命生涯和崇高风范，指出："依靠调查

① 中共中央文献研究室编：《毛泽东文集》第1卷，人民出版社1993年版，第118页。
② 《毛泽东选集》第1卷，人民出版社1991年版，第110—111页。
③ 《邓小平文选》第1卷，人民出版社1994年版，第218—219页。
④ 《陈云文选》第3卷，人民出版社1995年版，第189页。

研究作决策，是陈云同志坚持实事求是的思想方法和工作方法。每逢重大决策之前，陈云同志总要做大量调查研究，听取各方面意见。”[①]

习近平总书记始终坚持调查研究的工作作风，这种作风在他 15 岁到陕西省延川县文安驿镇的梁家河村插队落户时就已显现。回顾农村插队的 7 年，他认为最大的收获是懂得了什么叫实际、实事求是。在他担任梁家河村党支部书记期间，结合当地实际情况，下力气办沼气，办铁业社、代销店、缝纫社、磨坊……与群众想在一起，干在一起，劳动中“非常下力气”，和农村的壮劳力干一样的活，干的活“比社员还要多”。

习近平同志说：“我牢记毛泽东同志的至理名言，坚持调研开局、调研开路，凡事眼睛向下，先当学生，不耻下问，问计于基层、问计于群众，每年至少用三分之一以上时间深入基层和部门调查研究。”[②] 在浙江工作期间，他“几乎跑遍了浙江的山山水水，也跑深了与浙江广大干部群众的真切感情，并在实践中逐渐跑透了浙江的省情市情县情”[③]。

调查研究是谋事之基、成事之道，是我们党的优良传统，在新时代，领导干部提高调查研究能力就是继承和发扬这个优良传统的需要。

### （二）提高调查研究能力是实现新时代目标任务的必然要求

习近平总书记在党的十九大报告中指出：“经过长期努力，中国特色社会主义进入了新时代，这是我国发展新的历史方位。”[④] 中国特色社会主义新时代，是决胜全面建成小康社会、进而全面建设社会主义现代化强国的时代。

---

① 习近平：《在纪念陈云同志诞辰 110 周年座谈会上的讲话（2015 年 6 月 12 日）》，《人民日报》2015 年 6 月 13 日。

② 习近平：《干在实处走在前列——推进浙江新发展的思考与实践》，中共中央党校出版社 2006 年版，第 2—3 页。

③ 习近平：《干在实处走在前列——推进浙江新发展的思考与实践》，中共中央党校出版社 2006 年版，第 3 页。

④ 习近平：《决胜全面建成小康社会 夺取新时代中国特色社会主义伟大胜利——在中国共产党第十九次全国代表大会上的报告》，人民出版社 2017 年版，第 10 页。

在2020年决胜全面建成小康社会，这是我们党对历史、对人民作出的庄严承诺。从2020年到2035年，基本实现社会主义现代化。从2035年到2050年，把我国建成富强民主文明和谐美丽的社会主义现代化强国。可以说，党的十八大以来，我们努力奋斗，着力完成党既定的奋斗目标。同时，我们在所取得的历史性成就的基础上，展望未来发展前景，根据国情适当调高发展目标，这些都与我们的实际情况是相符的。尽管我们调高了发展目标，但是我们要明确：当前，我们虽然依然处在社会主义初级阶段，但是我们已经进入了改革开放的深化期，即将进入实现“两个一百年”目标的后半程，遇到的社会矛盾和问题不同于改革开放的初期，而且相当错综复杂。这种错综复杂，一方面是因为我们的前景无比广阔，我们的奋斗目标需要我们付出更多的努力；另一方面是因为内部外部环境的变化需要我们时刻提高警惕，时时刻刻准备应对各种风险和挑战。这就需要各级领导干部提高调查研究能力，进一步通过调查研究明确我们所处的发展环境以及如何应对环境挑战。

### （三）提高调查研究能力是各级领导干部在新时代解决本领恐慌的迫切需要

调查研究是共产党人重要思想方法和工作方法，是领导干部应该具备的重要能力，也是我们党的优良传统。时代的发展给我们党的干部提出了新的要求。当今，我们所面临的形势，一方面是国际上风云变幻，另一方面是我国的社会主义现代化建设即将进入一个新的发展时期。因此，建立一支能适应形势和任务需要的高素质干部队伍，显得尤为重要和紧迫。各级领导干部在新时代解决本领恐慌问题，就要了解这个时代、认识这个时代，就要深入实际、深入社会，把在实践中调查研究的成果转化为知识的更新，解决本领恐慌问题。

习近平总书记曾在不同场合说过，当县委书记要跑遍所有的村，当市委书记要跑遍所有的乡镇，当省委书记要跑遍所有的县区市。2015年1月12日，习近平总书记在北京主持召开座谈会，同中央党校第一期县委书记研修班学员进行座谈。座谈会上，他回忆起 30 多年前到公社调研的往事。他说：“我在正定时经常骑着自行车下乡，从滹沱河北岸到滹沱河以南的公社去，每次骑到滹沱河沙滩就得扛着自行车走。虽然辛苦一点，但确实摸清了情况，同基层干部和老百姓拉近了距离、增进了感情。”①

进入新时代，习近平总书记强调，在调查研究中能不能、敢不敢实事求是，是一个关于党性的问题。当下，获取信息的渠道随着科技、交通和通信手段的发展变得越来越多，但是，调查研究并不能为这些所取代。领导干部听汇报、看材料是不可能与直接听取群众的心声、面对面地商讨对比的。党员干部不管从事哪个方面的工作，都要掌握实际工作中的真实情况，都应始终坚持和不断加强调查研究，深入了解基层情况。真正的调查研究，绝不能浅尝辄止和走过场，否则会损害党的形象，妨碍党的政策的贯彻。对调查的情况，要正视，坚持有一是一，有二是二，绝不可报喜不报忧。调查研究的目的是为了提高决策的科学化水平、更好地解决问题，所以调查之后还要认真梳理和比较，找到事物的本质规律。因此，在新时代要大力弘扬调查研究，就必须在坚持和加强调查研究方面制定一系列行之有效的制度，并在实践中不断完善，切实抓好贯彻落实，使调查研究真正成为各级领导干部自觉的经常性活动。把调查研究的“桌子”摆到群众中去，不但要“身入”更要“心至”。对调查得来的大量材料和情况，要加大研究分析力度，认真提取分析其中的有用信息和无用信息，重要信息和非重要信息，为下一阶段的决策做准备。

中国特色社会主义进入新时代，面对诸多新情况、新问题和新矛盾，如何才能有效找到准确而又科学的答案，就必须不断提升调查研究的能力。调查研究是我们党的传家宝，是做好各项工作的基本功。年轻干部一定要学会调查研究，在调查研究中提高工作本领，为中国特色社会主义伟大事业做出更大的贡献。

① 《习近平谈治国理政》第 2 卷，外文出版社 2017 年版，第 145 页。

提高调查研究能力是各级领导干部在新时代解决本领恐慌的迫切需要。2013 年 3 月 1 日，习近平总书记在中央党校建校 80 周年庆祝大会暨 2013 年春季学期开学典礼上的讲话重申强调本领恐慌在党内相当一个范围、相当一个时期都是存在的，并告诫“全党同志特别是各级领导干部，都要有本领不够的危机感，都要努力增强本领，都要一刻不停地增强本领”①。实现党的十八大提出的各项目标任务，做好方方面面的工作，对我们的本领提出了新的要求。只有全党本领不断增强了，“两个一百年”的奋斗目标才能实现，中华民族伟大复兴的中国梦才能梦想成真。

早在 1939 年毛泽东同志就讲过：“我们队伍里边有一种恐慌，不是经济恐慌，也不是政治恐慌，而是本领恐慌。”② “本领恐慌”彰显了党的第一代领导人对党的自身建设的高度重视。习近平总书记重申“本领恐慌论”对当今的领导干部仍有很强的警示意义。

新时代的本领恐慌，往往并不是由于干部的知识储备不够，而是由于知识的折旧速度加快了，另外还有一个原因是社会事务复杂程度带来干部专业知识不足难以应对一些专业问题。干部能力的短板和缺陷，需要干部自身明确应该从哪些路径入手着手解决自身的能力问题。同时需要干部时时刻刻具备“本领恐慌”的危机感，不断地鞭策自己。

然而，现实中缺乏“本领恐慌”意识，未能认识到自身能力与时代发展、工作需要之间存在鸿沟的领导干部依然为数不少。

习近平同志在中央党校 2009 年春季学期第二批进修班暨专题研讨班开学典礼上以“领导干部要爱读书读好书善读书”为题的讲话中说，当今世界，科学技术日新月异，知识经济方兴未艾，知识总量呈几何级数增长，知识更新速度大大加快，近 50 年来人类社会所创造的知识比过去 3000 年的总和还要多。联合国教科文组织的埃德加·富尔先生预

① 《习近平谈治国理政》第 1 卷，外文出版社 2018 年版，第 403 页。

② 中共中央文献研究室编：《毛泽东文集》第 2 卷，人民出版社 1993 年版，第 178 页。

言：“未来的文盲，不再是不识字的人，而是没有学会怎样学习的人。”现代人才学中有一个理论叫做“蓄电池理论”，认为人的一生只充一次电的时代已经过去，只有成为一块高效蓄电池，进行不间断的、持续的充电，才能不间断地、持续地释放能量。一个人是这样，一个国家、一个社会、一个政党也是这样。习近平同志的讲话告诉我们：过去积累的知识和本领，今天用一些，明天用一些，总有用光的时候，如果不抓紧增强本领，久而久之，我们就难以胜任日益繁重的任务和工作岗位上更高的要求。这就是所谓的“本领恐慌”。

当今时代，知识更新周期大大缩短，各种新知识、新情况、新事物层出不穷。有人研究过，18 世纪以前，知识更新速度为 90 年左右翻一番；20 世纪 90 年代以来，知识更新加速到 3 年至 5 年翻一番。还有人说，在农耕时代，一个人读几年书，就可以用一辈子；在工业经济时代，一个人读十几年书，才够用一辈子；到了知识经济时代，一个人必须学习一辈子，才能跟上时代前进的脚步。如果我们不努力提高各方面的知识素养，不自觉学习各种科学文化知识，不主动加快知识更新、优化知识结构、拓宽眼界和视野，那就难以增强本领，也就没有办法赢得主动、赢得优势、赢得未来。因此，全党同志特别是各级领导干部都要有加强学习的紧迫感。

我们正在从事的中国特色社会主义事业是伟大而波澜壮阔的，是前人没有做过的。因此，我们的学习应该是全面的、系统的、富有探索精神的，既要抓住学习重点，也要注意拓展学习领域；既要向书本学习，也要向实践学习；既要向人民群众学习，向专家学者学习，也要向国外有益经验学习。

领导干部加强学习，根本目的是增强工作本领、提高解决实际问题的水平，要极力反对空谈。“空谈误国，实干兴邦”。也是在“领导干部要爱读书读好书善读书”讲话中习近平同志指出，大凡有作为者，都注重读书与运用的结合，而不是读死书、死读书。一个人如果不注重把学到的知识运用到工作中、落实在行动上，即使他“学富五车、才高八斗”，也不能说达到了学习的最终目的。今天，我们看领导干部水平高不高，不是单纯地看他读书多不多，而主要看他运用理论和知识解决实际问题的能力强不强。领导干部坚持读书与运用相结合，就要在读书的过程中增强运用能力，在运用的过程中提高读书水平。他指出，领导干部加强知识的运用，在以下三个方面努力很重要。一是要勇于实践，把知识转化为能力。知识向能力的转化，媒介就是实践。领导干部勇于实践，就要敢于面对实践中的热点、难点问题，敢于探索新的实践领域，努力使自己主导的实践成为正确的而不是盲目的实践，成为系统的而不是零碎的实践，成为有科学根据的而不是想当然的实践。同时，要加强对实践经验的总结和对新情况、新问题的调查研究，弄清楚它们是怎么产生的、变化发展的趋势怎样、应该如何引导使之趋利避害，从总结和探索中提高思想水平和工作能力，不断由必然王国走向自由王国。二是要运用理论和知识着力改造客观世界。马克思说："哲学家们只是用不同的方式解释世界，而问题在于改变世界。"领导干部要认真履行工作职责，善于把握工作规律，不断提高工作水平，努力增加工作实效。尤其要深刻认识当今世界的发展趋势和变化特征，准确把握中国特色社会主义的发展规律，认真研究改革开放和社会主义现代化建设进程中出现的新情况新问题，进一步提高领导水平和决策水平，进一步制定和落实保持经济社会又好又快发展的政策措施，进一步解决人民最关心、最直接、最现实的利益问题。三是要运用理论和知识自觉改造主观世界。在对外开放和发展社会主义市场经济的条件下，领导干部面临的诱惑很多，一些人经受不住权力、金钱、美色等考验而败下阵来，一个重要原因就在于他们放松了读书学习，忽视了主观世界的改造。我们党一再强调，领导干部要在改造客观世界的同时改造主观世界，要在推进事业发展的同时加强党性修养。领导干部要通过加强读书学习，增强改造主观世界的意识和能力，牢固树立马克思主义世界观、人生观、价值观和正确的权力观、地位观、利益观，切实解决好理想信念、思想作风、道德情操、清正廉洁等问题，不断增进与人民群众的感情，始终保持共产党人的本色。

总之，解决本领恐慌，要有一定的知识储备，不但要从书本学习，还要向实践学习、向群众学习，更要深入实际调查研究，放下架子甘当学生。

读书是学习，使用也是学习，并且是更重要的学习。领导干部要发扬理论联系实际的马克思主义学风，带着问题学，拜人民为师，做到干中学、学中干，学以致用、用以促学、学用相长，千万不能夸夸其谈、陷于“客里空”。

## 二、坚持问题导向，着眼于解决实际问题

调查研究是为了寻找问题、解决问题，而不是为了摆花架子和作秀。因此，对各级领导干部来说，必须坚持问题导向，着眼于解决实际问题去调研。从这个角度来理解领导干部调查研究能力的基本要求，就必须紧紧扣住三个最根本的问题：第一，调查研究是为了什么；第二，调查研究要做什么；第三，调查研究要怎么做。只有围绕这三个问题，领导干部调查研究能力的提升才能有坚实的基础。

### （一）明确调查研究是为了什么

1942 年 2 月 1 日，毛泽东在中央党校开学典礼上发表的《整顿党的作风》的演说中强调：“马克思列宁主义理论和中国革命实际，怎样互相联系呢？拿一句通俗的话来讲，就是‘有的放矢’。”① “有的放矢”的真谛是用马列主义的箭射中国革命问题的靶。

同样的道理，调查研究也要有的放矢：用调查研究这支箭射群众问题这个“的”。也就是说，我们要明确调查研究是为了解决什么问题。在开展每一项调查研究之前，都必须对这个问题心中有数，只有在这个基础上，才能使调查研究真正有针对性。

习近平同志在《之江新语》中指出：“正确的决策，绝对不是一个人或者一堆人，不作调查研究，坐在房子里苦思冥想就能产生的，它要

① 《毛泽东选集》第 3 卷，人民出版社 1991 年版，第 819 页。

在人民群众改革发展的实践中才能产生。我们担负领导工作的干部，在对重大问题进行决策之前，一定要有眼睛向下的决心和甘当小学生的精神，迈开步子，走出院子，去车间码头，到田间地头，进行实地调研，同真正明了实情的各方面人士沟通讨论，通过‘交换、比较、反复’，取得真实可信、扎实有效的调研成果，从而得到正确的结论。”[①] 这说明调查研究必须围绕问题而展开，不然都是无的放矢。

1963 年 8 月 12 日，在河南省兰考县，焦裕禄在公社书记会议上讲话，教育干部走群众路线，带头深入实际查找问题。正是他的这次讲话，不经意间迸出了那朵极富哲理的思想火花——蹲下去才能看到蚂蚁！怎样“蹲”下去？焦裕禄要求领导干部发扬土地改革时的优良作风，认真深入农村各家各户，与群众同吃、同住、同劳动，使干部群众打成一片，在实践中获取真知。

20 世纪 60 年代，农村没有饭店。干部下乡，必须自带粮票和菜金，在农民家搭伙就餐。焦裕禄提出，干部与农民同吃，要深入“饭场”。

当时的农村，每到吃饭的时候，大家总爱端着饭碗出来，三五成群，边吃边聊。久而久之，街头、树下，一些稍宽敞的地方，就形成了相对稳定的“饭场”，而家长里短、村社新闻、生产救灾等，就会成为饭场谈论的内容。显然，在焦裕禄看来，吃饭不是目的，只是一种媒介；通过与农民一起吃饭，与他们交朋友，听真想法、了解实情才是最终目的。

有名干部下乡不想吃农家饭，宣称农家粗粮瓜菜吃不饱，还给群众添麻烦，于是自己偷偷开小灶。焦裕禄发现后，严厉批评他：“啥叫与群众同甘共苦？群众能吃的饭，咱为啥不能吃？你这样做就是找借口、图享受，就是忘本。你不吃贫下中农的饭，咋知道他们的疾苦？你不去农民家里吃住，咋能了解真实情况？不刹住这股歪风，我们还谈什么为党工作，怎样为人民谋福利？”焦裕禄不仅严肃批评了这名干部，还以此为鉴，给全县干部下乡立下规矩：吃饭必须和群众在一起。

---

① 习近平：《之江新语》，浙江人民出版社 2007 年版，第 154 页。

执行规矩从自身做起。焦裕禄当时已患有严重胃病，但从不搞特殊。1963 年 2 月 1 日，焦裕禄到土山寨查找贫困原因，在农民曹玉英家吃饭。但曹玉英家没有粮食，只能同吃蒸红薯叶。当晚，焦裕禄胃疼得厉害，同行的县委秘书给他买来两个烧饼。焦裕禄严厉批评了秘书：“群众能吃的饭，咱也能吃；群众能过的日子，咱也能过。”他喊来农家孩子，把烧饼分给了他们。

1963 年 2 月 12 日，在城关区检查救灾时，焦裕禄在新韩陵小学吃饭。校长安排食堂给炒了几个鸡蛋。焦裕禄见老师们吃的是红薯粉，坚决把鸡蛋退回去，要了半碗红薯粉，到“饭场”和老师们边吃边聊，其乐融融。

不仅与群众一起吃，而且坚决做到吃一样的饭——在焦裕禄身上，党的群众路线的作风得到淋漓尽致的体现。只有像焦裕禄那样，在调查研究中深入群众、深入实践，主动到矛盾和困难多的地方去，把身体摆进去、把心思收起来，真正沉得下去心、弯得下去身、低得下去头，走到老百姓中间去了解实情，走近群众、贴近群众、知悉民情，坚持带着问题去、带着感情去，才能听得到真言，找得准问题，想得出办法。也只有这样的调查研究，人民群众才会喜欢。

调查研究是一个不断地和群众进行互动，从而不断地从群众中汲取智慧的过程，因为任何好的办法都不是从头脑中凭空想出来的，它只能来自实践。

邓小平多次号召全党向实践学习，向群众学习。他说：“乡镇企业是谁发明的，谁都没有提出过，我也没有提出过，突然一下子冒出来了，发展得很快，见效也快。家庭联产承包责任制也是由农民首先提出来的。这是群众的智慧，集体的智慧。我的功劳是把这些新事物概括起来，加以提倡。”①

同样的道理，当年，在兰考，焦裕禄就是通过住牛屋，与群众聊天

① 中共中央文献研究室编：《邓小平年谱（1975—1997）》（下卷），中央文献出版社 2004 年版，第 1350 页。

谈心，在调查研究过程中最终制定了兰考治理“三害”标志性方案——种泡桐。

当时干部下乡与群众同住可以彼此聊天、谈心，最大限度与群众拉近距离。但同住最大的难点是扰民。群众的私宅，干部不宜轻易入住。否则，既会给群众生活带来尴尬，也不利于工作的开展，甚至引起群众的抵触情绪。私宅既然不能住，那就选择公房。对此，焦裕禄提出要求：“深入牛屋。”

当时的兰考，农村的公房有三种：一是仓库，属于经济重地，按规定禁止入住。二是大队部、村办公室，属于乡村公共事务管理场所，入住则影响公务，且农民在办公室谈话比较拘谨，很难获得真实信息。三是牛屋，饲养牲畜的地方，是农村最为“接地气”的场所，干部住在这里，既不影响群众休息，又能随时出发开展工作。乡村牛屋往往是人气最旺的地方，被称为“草根会议室”，大家稍有空闲，就喜欢聚在一起侃大山，最真实的声音、最基层的信息就在这“群聊”之中获得了。

焦裕禄 1962 年 12 月 6 日履职兰考，3 天后就来到城关区老韩陵村的牛屋，与农民饲养员萧位芬同住地铺，结下深厚友谊。就是在这个牛屋里，焦裕禄和萧位芬一起比较 30 多种树木，最终制定了兰考治理“三害”标志性方案——种泡桐。在 1963 年的一年中，焦裕禄带领干部群众在全县推广种植了 5 万亩泡桐。萧位芬不会想到，正是他与焦裕禄的“牛屋谈话”，使兰考人民在治“三害”的道路上迈出了坚实的第一步。

领导干部搞调查研究，就是要广泛地听取各行各业群众提出来的好意见和好建议，认真学习各地区各部门在实践中摸索试验出来的新办法和新思路，在此基础上形成科学的政策和科学的制度，把政治智慧的增长、执政本领的增强深深扎根于中国社会火热的创造性实践之中。

### （二）明确调查研究要做什么

调查研究和新闻工作一样，都要坚持真实、全面、客观。这就要在调研中避免走马观花、蜻蜓点水，避免一得自矜、以偏概全。

第一，要了解真实。“真实”是调研的生命，只有掌握真实的第一手材料，才能为工作实践提供有益参考。

“临时”的对立面是“固定”。在下基层调研中，一些基层干部习惯按设定路线为领导做向导。其中，既有安全保卫方面的考虑，也不免夹带着对陌生对象，其他未筛选的地点冷不防向上级领导抖出有损“颜面”问题的担心。但是，矛盾最多、困难最大的地方往往集中体现在这些令人不太舒服的地方。因此，“临时路线”只是一个现象，其本质是调查研究的领导干部对真实情况的渴望。只有在了解真实情况下做出的决策才是科学的，才是符合人民利益的。

第二，要把握全面。在调查研究中，我们要多层次、多方位、多渠道地把握利益相关的不同方面，尤其是对立双方的情况。

毛泽东当年的才溪乡调查就是了解全面情况的一个典范。1933 年 11 月下旬，毛泽东率领中央通讯排警卫班的战士，从瑞金出发，经长汀水口、上杭、官庄，长途跋涉，风尘仆仆来到才溪。一来到才溪，他就找了区乡干部，在才溪区苏维埃政府召开座谈会。在会上，毛泽东倾听了干部关于才溪人民扩大红军、优待红军家属、政权建设、生产支前、经济建设、物价对比、文化教育等方面的情况汇报。随后毛泽东还相继召开了工人代表、贫农代表、耕田队长等调查会。

毛泽东的才溪乡调查，正如他在《反对本本主义》一文中的“调查技术”中所指出的那样：“要开调查会作讨论式的调查”“要定调查纲目”“要亲自出马”“要深入”“要自己做记录”。根据参加过毛泽东在才溪召开调查会的老一辈回忆说，当时毛泽东问得很具体、很细致，态度非常平易近人、非常谦虚，会上有问有答、有讨论，风趣幽默，开得很活跃。例如调查猪、鱼、鸡、鸭、蛋、木、铁、布、盐、茶、纸、油等在暴动前后物价的讨论，一概问个齐全，当问到土纸在暴动前后的价格时，与会者答不出来，苏区干部只好特地到附近的消费合作社问工作人员，回来再告诉他。毛泽东听后一一做了笔记。在调查期间，毛泽东还亲自到上坝段军公田检查生产，参加劳动，帮助群众劈柴。毛泽东离开才溪前夕，还召开了区苏维埃工作人员会议。

可以说，在才溪乡调查中，毛泽东不仅听党员干部的，还听普通群众的；不仅了解经济方面的情况，还了解文化建设、扩红等各方面的情况。这样的调查研究才是全面的调查研究。

第三，要保持客观。习近平总书记就曾经批评过一种现象：现在有的干部善于察言观色，准备了几个口袋，揣摩上面或领导的意图来提供材料。习近平总书记的批评可谓一语中的。现实中，领导干部要时时刻刻注意下面提供的材料，要能够清醒判断这些材料中哪些是真实的，哪些是夸大的，哪些是掩盖了问题的。当然，有些问题的判断并不是一时半会儿能够作出的，需要假以时日，但是，作为领导干部，内心应该对此保持清醒。

当然，客观不等于没有立场。我们党始终要维护最广大人民群众的利益，人民立场就是我们党的根本立场。在调查研究的过程中始终坚持这样的立场不仅不是不客观反而是更大的客观。离开了这一立场，貌似中立，自诩超然，不仅不会做到客观，反而会沦为个别群体的帮闲与工具。

### （三）明确如何提高调查研究的能力

扎实提高调查研究的能力，就是不断创新调查研究的方法，讲究调查研究的艺术，遵循调查研究的规律。

不会调查研究，搞不好调查研究，缺乏客观真实的“第一手资料”，科学决策就成一纸空谈。习近平总书记指出，调查研究是正确决策的基本功，也是参政议政的基本功。做决策本身并不难，难的是对情况的准确把握。领导干部只有搞好调查研究，才能掌握科学决策的“源头活水”，才能制定出符合客观实际的政策，保证在工作中少走“弯路”和“错路”。

调查研究的一个重要目的是获得真实的情况。如何才能更好地获得真实的情况，毛泽东给我们树立了很好的榜样。毛泽东不但亲自做了一系列农村调查，而且形成了自己独特的调查研究方法。他在《关于农村调查》一文中谈道：“我在兴国调查中，请了几个农民来谈话。开始时，他们很疑惧，不知我究竟要把他们怎么样。所以，第一天只是谈点家常事，他们脸上没有一点笑容，也不多讲。后来，请他们吃了饭，晚上又给他们宽大温暖的被子睡觉，这样使他们开始了解我的真意，慢慢有点笑容，说得也较多。到后来，我们简直毫无拘束，大家热烈地讨论，无话不谈，亲切得像自家人一样。”① 毛主席启示我们，只有将自己与调查研究的对象摆在平等的地位，才能拉近与他们的距离，他们才会将真实的情况告诉你。

当今时代，信息手段十分发达，利用信息工具了解和掌握情况，也是一种方式，而且是越来越重要的方式。但不管通信手段多么发达，有多少了解情况的其他渠道，都不能替代亲自深入实际、深入基层、深入群众进行实地的调查研究。在网络社会化时代，人们获取信息的方式方法和手段不断丰富更加快捷。视频直播和自媒体报道等让人足不出户就能知晓天下。但任何形式的调查研究，都替代不了深入实际的调查研究。因此，领导干部在调查研究工作上，要有“亲自出马”的意识。“亲自出马”就是要“身入”“心至”地进行调查研究。感性认识是研究问题的起点。没有感性知识的积累，理性认识难以形成，不可能形成真知灼见，也无利于从根本上解决问题、推动工作。坐在办公室想想都是困难，到基层看看全是办法。领导干部“亲自出马”的深度调研，与被调研对象面对面接触，看似费时费力但获取的资料最客观、最真实。

## 三、在调查研究中提高工作本领

新时代，在当前实现中华民族伟大复兴的历史进程中，面对世界百年未有之大变局，领导干部必须提高调查研究能力，为此，必须从以下几个方向去努力。

---

① 中共中央文献研究室编：《毛泽东文集》第 2 卷，人民出版社 1993 年版，第 384 页。

### （一）要实现调查研究经常化

在新时代要大力弘扬调查研究，就必须在坚持和加强调查研究方面制定一系列行之有效的制度，并在实践中不断完善，切实抓好贯彻落实，使调查研究真正成为各级领导干部自觉的经常性活动。

第一，要通过制度机制的设计，把调查研究贯穿于重大决策的全过程，使得调查研究真正成为重大决策的必经程序。对于什么事项必须通过调研程序，必须实行清单制，该严格执行调研程序的必须执行，不能因为个人好恶和主观愿望而省略。对本地区、本部门事关改革发展稳定全局的问题，应坚持做到不调研不决策、先调研后决策。提交讨论的重要决策方案，应该是经过深入调查研究形成的，有的要有不同决策方案作比较。特别是涉及群众切身利益的重要政策措施出台，要采取听证会、论证会等形式，广泛听取群众意见。要在建立、完善落实重大项目、重大决策风险评估机制上取得实质性进展，使领导干部的各项工作真正赢得群众的理解和支持，从源头上预防矛盾纠纷的发生。

习近平始终坚持先调研后决策。20 世纪 90 年代，平潭是福建省有名的贫困县。如何实现平潭的发展，成为时任福州市委书记习近平考虑的问题。

1991 年 10 月，习近平组织开展平潭县工作调研。在他带领下，20 多位市直部门负责人和 20 多位市直与平潭县机关的同志，组成福州市平潭县联合调研组，习近平亲自担任组长。调研组深入到 13 个乡镇 67 个村、36 个县直部门和渔区，召开 56 场座谈会，与当地干部群众一起分析现状，共商发展大计。

在广泛深入调研基础上，习近平提出，要从当地实际出发，把扶贫解困同发展基础建设结合起来，把省市支持与发挥自我优势潜力结合起来，把改革开放与加强管理结合起来。他还领导市委、市政府采取一系列措施帮助平潭发展，不仅给政策、给资金，也给人。平潭自此迎来了新的发展契机。

第二，各级领导机关的主要负责人要以身作则，带头做调查研究。

主要负责人带头调查研究，必须拿出一定时间深入基层，特别是必须亲自主持重大课题的调研，拿出对工作全局有重要指导作用的调研报告。这是因为对各种问题特别是重大问题的决策，最后都需要主要负责人集中各方面的意见并由集体决断，而主要负责人亲自做了调查研究，同大家有着共同的深切感受和体验，就更容易在各级领导和集体中形成统一认识和一致意见，更容易做出决定。否则，主要负责人未经亲自调研，未经亲自主持重大课题，往往会造成不了解下情，容易决策失误。

1984 年 3 月末，正定县委、县人大常委会、县政府、县政协四大班子领导，同时收到一封内容相同的信，署名“习近平”。信中要求大家“分包各线，联系乡镇，要多下去走一走，看一看，实实在在地调查研究一番，多了解一些真情实况，长一些真知灼见，更有效地指导工作，解决问题”。信中还提出了具体要求，到基层调查，要一下到底，亲自摸情况，直接听反映，寻求“源头活水”。可以登门入户，4 月份每人了解 10 个典型。除本人联系户外，还要顾及“两户一体”、知识分子、老干部诸方面。调查可围绕各阶段中心工作和突出问题进行，失误不足、要求愿望、意见建议，都可列入调查范围。对调查所得，要整理加工，形成自己的意见，直接告诉他。

时任正定县委书记的习近平，之所以要求四大班子的领导下基层调研，是因为领导干部不能长久地坐在办公室发号施令，不然就容易犯官僚主义的错误。另外，习近平也希望能够借此改变正定县领导干部的作风。他在信的末尾语重心长地指出：“深居简出，习之已久，愿能以此为开端，兴起调查研究之风。”

接到习近平的这封信后，正定县四大班子领导都在机关坐不住了。大家一头扎到基层，调查研究，发现问题，找出办法。

第三，党政主要领导干部要以身作则，率先垂范，始终关心基层群众和基层问题。党政主要领导干部不仅要“身入”基层，更要“心到”基层，始终关心基层联系点，关心联系点的群众。走进基层群众，锤炼优良作风，就要实实在在接地气。到联系点调查研究，要真心实意地交朋友、拉家常，通过面对面交流，直接了解基层干部群众的所想、所急、所盼。同时，还可有选择地开展蹲点调研。要注意选择问题多、困难大、矛盾集中，与本职工作密切相关的农村、社区、企业等基层单位，开展蹲点调研，倾听群众心声，找准问题的症结所在。

在这里，我们可以重温习近平 2013 年 6 月 18 日在党的群众路线教育实践活动工作会议上的讲话。他说，我们党来自人民、植根人民、服务人民，党的根基在人民、血脉在人民、力量在人民。失去了人民拥护和支持，党的事业和工作就无从谈起。党要继续经受住执政考验、改革开放考验、市场经济考验、外部环境考验，就必须始终密切联系群众。在任何时候任何情况下，与人民同呼吸共命运的立场不能变，全心全意为人民服务的宗旨不能忘，群众是真正英雄的历史唯物主义观点不能丢，始终坚持立党为公、执政为民。2014 年 10 月 8 日，他在党的群众路线教育实践活动总结大会上的讲话中再次强调，“知屋漏者在宇下，知政失者在草野”。让群众满意是我们党做好一切工作的价值取向和根本标准，群众意见是一把最好的尺子。而要做到这一点，就要牢记各级干部无论职位高低都是人民公仆，必须全心全意为人民服务；就要进一步掌握贯彻群众路线的工作方法，增强做好群众工作的本领。

### （二）要坚持到群众和实践中去

习近平 20 世纪 80 年代在正定工作期间，骑自行车下乡跑遍了全县的每一个村庄，深入群众当中拉家常、问寒暖。他还时常在街头“摆桌子”，真真切切地听民声、察民情。那个时期，正定出台的许多文件和重大决策，都跟这些调研有直接关系。回忆起习近平在正定工作的往事，许多人都有这样一个印象——“习书记从不在办公室闲坐”。

调查研究的过程是一个向群众学习的过程，也是一个发现问题、解决问题的过程。现实社会中，一些地方、机关单位追求“文山会海”“报表”“留痕”，而不去抓工作落实。这令基层干部深恶痛绝。不坚持实事求是，不愿深入调查研究，就容易不自觉地犯形式主义的错误。领导干部在调查研究中，只有深入群众，真正听取群众的意见建议，才能明确自身的职责和使命，才会作出正确的决策。

各种问题的解决都取决于正确的决策，而正确的决策来源于对客观实际周密的调查研究。深入调查研究是体察国情民意、转变工作作风、促进正确决策的有效途径。因此，所谓调查研究要到实践中去，是指在调查研究中要加强对重大问题的研究，把情况查明、把症结找准、把对策定实，确保把问题解决到点子上，确保作出的决策是高质量的。尤其要避免领导干部决策的随意性，防止拍脑袋作决策，因为任何这种决策方式都容易产生以偏概全的危害。

### （三）要认真研究分析调研所得

对调查得来的大量材料和情况，要加大研究分析力度，认真提取分析其中的有用信息和无用信息、重要信息和非重要信息，为下一阶段的决策作准备。

第一，领导干部要坚持从政治上研究和把握问题。调研所得的材料往往是不系统的，需要有一个去粗取精、去伪存真、由此及彼、由表及里的过程，在这个过程中领导干部必须学会思考、分析、综合，要善于透过现象看本质，防止偏听偏信、“唯此为大”，防止只调查不研究。在研究分析调研材料的过程中，对几种问题要区别对待：对认识尚不统一的问题，要重视从理论上深入研究分析；对具有一定历史纵深的问题，要增强历史感，充分考虑其历史背景和历史条件；对与产业相关的事宜，加大统计分析力度，既作数量上的统计，也作结构上的分析。

第二，领导干部不但要善于“研读”信息，而且要善于“研判”问题。有的领导干部只会“研读”信息，不会“研判”问题，也就是说，这类领导干部在获取数据信息后，不进行分析判断、对比甄别，仅做简单摘录、机械整合，其作用也就与一般“人工智能”相仿，这样形成的调研报告其价值令人堪忧，据此决策极易漏洞百出，甚至造成失误。真正的调研应当作全方位、深层次的“研判”，调研者要充分发挥主观能动性去洞察问题、处理信息、深思熟虑，在决策中还要体现人文关怀，探究合理合法又带有温度的解决之道。

### （四）要及时转化调研成果

1961年，由于“大跃进”造成的严重后果，我国“处于经济最困难的时刻”。1月14日至18日，中共八届九中全会在北京召开。全会正式决定实行“调整、巩固、充实、提高”的八字方针，国民经济开始转入调整的轨道。

在这次全会前后，毛泽东多次发表讲话，强调要恢复实事求是的优良传统，号召“大兴调查研究之风”，一切从实际出发，做到“情况明，决心大，方法对”。他提出，要“搞一个实事求是年”。3月23日，中共中央发出《关于认真进行调查工作问题给各中央局，各省、市、区党委的一封信》，并附上散失多年、不久前重新发现的毛泽东于1930年所写《关于调查工作》（后改题为《反对本本主义》）一文。信中指出：“一切从实际出发，不调查没有发言权，必须成为全党干部的思想和行动的首要准则。”

中央领导人身体力行，深入实际调查研究。八届九中全会一结束，毛泽东立即组织和指导三个调查组，分赴浙江、湖南、广东进行调查，在全党起了表率作用。三个调查组向毛泽东提供了许多具体、生动、有重要价值的第一手材料，成为调整农村政策的重要依据。

在毛泽东的倡导下，全党兴起的调查研究之风，使全党特别是党的各级领导干部对“大跃进”以来形成的困难局面有了比较客观清醒的认识，同时也初步认识到这些困难产生的原因，有力地推动了党内认识的统一，推动了调整工作的进行。在充分调研、掌握情况的基础上，中共中央、国务院相继制定发布了一系列条例和文件，如《农村人民公社工作条例（草案）》（“农业六十条”）、《国营工业企业工作条例（草案）》（“工业七十条”）以及“手工业三十五条”、“商业四十条”、“科学十四条”、“高教六十条”、“文艺八条”等，产生了积极的效果。这可以说是我们党的历史上一次极为典型的把调研成果转化为决策部署的案例，为我们及时转化调研成果提供了启示。

调查研究不是最终目的，其最终归宿是为了“到实践中去”，是为了推动问题的解决，最终是为了推动工作的发展，因此，要及时转化调研成果。调研成果的转化，分为以下几种情况：

第一，对经过充分研究、比较成熟的调研成果，要及时上升为决策部署，转化为具体措施。所谓经过充分研究、比较成熟的调研成果，是指在调查的前期作了精密准备、调查中精心组织实施、调查后及时研究调查材料和信息从而形成了比较科学的调研报告，产生了能够为科学决策提供依据的调研成果。对这种调研成果，不能束之高阁，扔进纸堆，应该及时将其上升为决策部署，转化为具体措施，进而让其在实践中充分发挥作用。

第二，对尚未研究透彻的调研成果，要更深入地听取意见，完善后再付诸实施。尚未研究透彻的调研成果，往往是因为所调研的问题在实践中还未充分显现，或者调查的现象纷繁复杂，还难以对这些纷繁复杂的现象做出去粗取精、去伪存真、由此及彼、由表及里的加工，对其进行有效的、科学的研究还存在困难，还需要多方论证，因此，对于尚未研究透彻的调研成果，一定要扩大听取意见的范围，并且在程度上予以加深，调研成果在实施前要得到较高程度的完善。

第三，对已经形成举措、落实落地的，要及时跟踪评估，视情况调整优化。依据充分研究、比较成熟的调研成果所作出的决策、制定的措施，在实施的过程中不可能以理想化的状态运行，有可能会遇到新的问题，也有可能会遇到理论推断与现实不符的情况，还有可能会出现“按下葫芦浮起瓢”的情形导致原有政策失效，更有可能出现一些新的因素的干扰导致政策实施困难重重。因此，对已经形成举措、落实落地的，要及时跟踪评估，视情况调整优化。

总之，中国特色社会主义进入新时代，面对诸多新情况、新问题和新矛盾，要想有效找到准确而又科学的答案，就必须不断提升调查研究的能力。调查研究是我们党的传家宝，是做好各项工作的基本功。年轻干部一定要学会调查研究，在调查研究中提高工作本领，为中国特色社会主义伟大事业作出更大的贡献。

## 拓展阅读

# 反对本本主义[①]

（一九三〇年五月）

## 一　没有调查，没有发言权

你对于某个问题没有调查，就停止你对于某个问题的发言权。这不太野蛮了吗？一点也不野蛮。你对那个问题的现实情况和历史情况既然没有调查，不知底里，对于那个问题的发言便一定是瞎说一顿。瞎说一顿之不能解决问题是大家明了的，那末，停止你的发言权有什么不公道呢？许多的同志都成天地闭着眼睛在那里瞎说，这是共产党员的耻辱，岂有共产党员而可以闭着眼睛瞎说一顿的吗？

要不得！

要不得！

注重调查！

反对瞎说！

## 二　调查就是解决问题

你对于那个问题不能解决吗？那末，你就去调查那个问题的现状和它的历史吧！你完完全全调查明白了，你对那个问题就有解决的办法了。一切结论产生于调查情况的末尾，而不是在它的先头。只有蠢人，才是他一个人，或者邀集一堆人，不作调查，而只是冥思苦索地"想办法"，"打主意"。须知这是一定不能想出什么好办法，打出什么好主意的。换一句话说，他一定要产生错办法和错主意。

① 《毛泽东选集》第1卷，人民出版社1991年版，第109—118页。

许多巡视员，许多游击队的领导者，许多新接任的工作干部，喜欢一到就宣布政见，看到一点表面，一个枝节，就指手画脚地说这也不对，那也错误。这种纯主观地“瞎说一顿”，实在是最可恶没有的。他一定要弄坏事情，一定要失掉群众，一定不能解决问题。

许多做领导工作的人，遇到困难问题，只是叹气，不能解决。他恼火，请求调动工作，理由是“才力小，干不下”。这是懦夫讲的话。迈开你的两脚，到你的工作范围的各部分各地方去走走，学个孔夫子的“每事问”，任凭什么才力小也能解决问题，因为你未出门时脑子是空的，归来时脑子已经不是空的了，已经载来了解决问题的各种必要材料，问题就是这样子解决了。一定要出门吗？也不一定，可以召集那些明了情况的人来开个调查会，把你所谓困难问题的“来源”找到手，“现状”弄明白，你的这个困难问题也就容易解决了。

调查就像“十月怀胎”，解决问题就像“一朝分娩”。调查就是解决问题。

## 三　反对本本主义

以为上了书的就是对的，文化落后的中国农民至今还存着这种心理。不谓共产党内讨论问题，也还有人开口闭口“拿本本来”。我们说上级领导机关的指示是正确的，决不单是因为它出于“上级领导机关”，而是因为它的内容是适合于斗争中客观和主观情势的，是斗争所需要的。不根据实际情况进行讨论和审察，一味盲目执行，这种单纯建立在“上级”观念上的形式主义的态度是很不对的。为什么党的策略路线总是不能深入群众，就是这种形式主义在那里作怪。盲目地表面上完全无异议地执行上级的指示，这不是真正在执行上级的指示，这是反对上级指示或者对上级指示怠工的最妙方法。

本本主义的社会科学研究法也同样是最危险的，甚至可能走上反革命的道路，中国有许多专门从书本上讨生活的从事社会科学研究的共产党员，不是一批一批地成了反革命吗？就是明显的证据。我们说马克思主义是对的，决不是因为马克思这个人是什么“先哲”，而是因为他的理论，在我们的实践中，在我们的斗争中，证明了是对的。我们的斗争需要马克思主义。我们欢迎这个理论，丝毫不存什么“先哲”一类的形式的甚至神秘的念头在里面。读过马克思主义“本本”的许多人，成了革命叛徒，那些不识字的工人常常能够很好地掌握马克思主义。马克思主义的“本本”是要学习的，但是必须同我国的实际情况相结合。我们需要“本本”，但是一定要纠正脱离实际情况的本本主义。

怎样纠正这种本本主义？只有向实际情况作调查。

## 四　离开实际调查就要产生唯心的阶级估量和唯心的工作指导，那末，它的结果，不是机会主义，便是盲动主义

你不相信这个结论吗？事实要强迫你信。你试试离开实际调查去估量政治形势，去指导斗争工作，是不是空洞的唯心的呢？这种空洞的唯心的政治估量和工作指导，是不是要产生机会主义错误，或者盲动主义错误呢？一定要弄出错误。这并不是他在行动之前不留心计划，而是他于计划之前不留心了解社会实际情况，这是红军游击队里时常遇见的。那些李逵式的官长，看见弟兄们犯事，就懵懵懂懂地乱处置一顿。结果，犯事人不服，闹出许多纠纷，领导者的威信也丧失干净，这不是红军里常见的吗？

必须洗刷唯心精神，防止一切机会主义盲动主义错误出现，才能完成争取群众战胜敌人的任务。必须努力作实际调查，才能洗刷唯心精神。

## 五　社会经济调查，是为了得到正确的阶级估量，接着定出正确的斗争策略

为什么要作社会经济调查？我们就是这样回答。因此，作为我们社会经济调查的对象的是社会的各阶级，而不是各种片断的社会现象。近来红军第四军的同志们一般的都注意调查工作了，但是很多人的调查方

法是错误的。调查的结果就像挂了一篇狗肉账，像乡下人上街听了许多新奇故事，又像站在高山顶上观察人民城郭。这种调查用处不大，不能达到我们的主要目的。我们的主要目的，是要明了社会各阶级的政治经济情况。我们调查所要得到的结论，是各阶级现在的以及历史的盛衰荣辱的情况。举例来说，我们调查农民成分时，不但要知道自耕农，半自耕农，佃农，这些以租佃关系区别的各种农民的数目有多少，我们尤其要知道富农，中农，贫农，这些以阶级区别阶层区别的各种农民的数目有多少。我们调查商人成分，不但要知道粮食业、衣服业、药材业等行业的人数有多少，尤其要调查小商人、中等商人、大商人各有多少。我们不仅要调查各业的情况，尤其要调查各业内部的阶级情况。我们不仅要调查各业之间的相互关系，尤其要调查各阶级之间的相互关系。我们调查工作的主要方法是解剖各种社会阶级，我们的终极目的是要明了各种阶级的相互关系，得到正确的阶级估量，然后定出我们正确的斗争策略，确定哪些阶级是革命斗争的主力，哪些阶级是我们应当争取的同盟者，哪些阶级是要打倒的。我们的目的完全在这里。

什么是调查时要注意的社会阶级？下面那些就是：

工业无产阶级

手工业工人

雇农

贫农

城市贫民

游民

手工业者

小商人

中农

富农

地主阶级

商业资产阶级

工业资产阶级

这些阶级（有的是阶层）的状况，都是我们调查时要注意的。在我们暂时的工作区域中所没有的，只是工业无产阶级和工业资产阶级，其余都是经常碰见的。我们的斗争策略就是对这许多阶级阶层的策略。

我们从前的调查还有一个极大的缺点，就是偏于农村而不注意城市，以致许多同志对城市贫民和商业资产阶级这二者的策略始终模糊。斗争的发展使我们离开山头跑向平地了，我们的身子早已下山了，但是我们的思想依然还在山上。我们要了解农村，也要了解城市，否则将不能适应革命斗争的需要。

## 六　中国革命斗争的胜利要靠中国同志了解中国情况

我们的斗争目的是要从民权主义转变到社会主义。我们的任务第一步是，争取工人阶级的大多数，发动农民群众和城市贫民，打倒地主阶级，打倒帝国主义，打倒国民党政权，完成民权主义革命。由这种斗争的发展，跟着就要执行社会主义革命的任务。这些伟大的革命任务的完成不是简单容易的，它全靠无产阶级政党的斗争策略的正确和坚决。倘若无产阶级政党的斗争策略是错误的，或者是动摇犹豫的，那末，革命就非走向暂时的失败不可。须知资产阶级政党也是天天在那里讨论斗争策略的，他们的问题是怎样在工人阶级中传播改良主义影响，使工人阶级受他们的欺骗，而脱离共产党的领导，怎样争取富农去消灭贫农的暴动，怎样组织流氓去镇压革命等等。在这样日益走向尖锐的短兵相接的阶级斗争的形势之下，无产阶级要取得胜利，就完全要靠他的政党——共产党的斗争策略的正确和坚决。共产党的正确而不动摇的斗争策略，决不是少数人坐在房子里能够产生的，它是要在群众的斗争过程中才能产生的，这就是说要在实际经验中才能产生。因此，我们需要时时了解社会情况，时时进行实际调查。那些具有一成不变的保守的形式的空洞乐观的头脑的同志们，以为现在的斗争策略已经是再好没有了，党的第六次全国代表大会的“本本”保障了永久的胜利，只要遵守既定办法就无往而不胜利。这些想法是完全错误的，完全不是共产党人从斗争中创造新局面的思想路线，完全是一种保守路线。这种保守路线如不根本丢掉，将会给革命造成很大损失，也会害了这些同志自己。红军中显然有一部分同志是安于现状，不求甚解，空洞乐观，提倡所谓“无产阶级就是这样”的错误思想，饱食终日，坐在机关里面打瞌睡，从不肯伸只脚到社会群众中去调查调查。对人讲话一向是那几句老生常谈，使人厌听。我们要大声疾呼，唤醒这些同志：

速速改变保守思想！

换取共产党人的进步的斗争思想！

到斗争中去！

到群众中作实际调查去！

## 七 调查的技术

（1）要开调查会作讨论式的调查

只有这样才能近于正确，才能抽出结论。那种不开调查会，不作讨论式的调查，只凭一个人讲他的经验的方法，是容易犯错误的。那种只随便问一下子，不提出中心问题在会议席上经过辩论的方法，是不能抽出近于正确的结论的。

（2）调查会到些什么人？

要是能深切明了社会经济情况的人。以年龄说，老年人最好，因为他们有丰富的经验，不但懂得现状，而且明白因果。有斗争经验的青年人也要，因为他们有进步的思想，有锐利的观察。以职业说，工人也要，农民也要，商人也要，知识分子也要，有时兵士也要，流氓也要。自然，调查某个问题时，和那个问题无关的人不必在座，如调查商业时，工农学各业不必在座。

（3）开调查会人多好还是人少好？

看调查人的指挥能力。那种善于指挥的，可以多到十几个人或者二十几个人。人多有人多的好处，就是在做统计时（如征询贫农占农民总数的百分之几），在做结论时（如征询土地分配平均分好还是差别分好）；能得到比较正确的回答。自然人多也有人多的坏处，指挥能力欠缺的人会无法使会场得到安静。究竟人多人少，要依调查人的情况决定。但是至少需要三人，不然会囿于见闻，不符合真实情况。

（4）要定调查纲目

纲目要事先准备，调查人按照纲目发问，会众口说。不明了的，有疑义的，提起辩论。所谓“调查纲目”，要有大纲，还要有细目，如“商业”是个大纲，“布匹”，“粮食”，“杂货”，“药材”都是细目，布匹下再分“洋布”，“土布”，“绸缎”各项细目。

（5）要亲身出马

凡担负指导工作的人，从乡政府主席到全国中央政府主席，从大队长到总司令，从支部书记到总书记，一定都要亲身从事社会经济的实际调查，不能单靠书面报告，因为二者是两回事。

（6）要深入

初次从事调查工作的人，要作一两回深入的调查工作，就是要了解一处地方（例如一个农村、一个城市），或者一个问题（例如粮食问题、货币问题）的底里。深切地了解一处地方或者一个问题了，往后调查别处地方、别个问题，便容易找到门路了。

（7）要自己做记录

调查不但要自己当主席，适当地指挥调查会的到会人，而且要自己做记录，把调查的结果记下来。假手于人是不行的。

# 第三章

# 提高科学决策能力，增强干事的“智气”

党的十八大以来，习近平总书记多次强调科学决策的重要性，要求领导干部要提高科学决策的能力，做到科学决策、民主决策、依法决策，让决策体现时代性、把握规律性、富于创造性。领导干部决策的正确与否，关系到人民群众的切身利益、关系到党和国家事业的兴衰成败。科学决策的能力是年轻干部必须拥有的基础能力，直接影响着决策活动的结果。就年轻干部而言，科学决策就是在领导者及其被领导者的参与下，对组织群体未来的行动方向、目标、途径、对策等作出正确的选择和决定。领导者能否作出正确有效的决策，是衡量领导水平高低的重要尺度，是检验其领导效果的重要标志。科学决策是领导工作的重要一环，会不会科学决策直接关系人民群众利益和各项事业的发展。努力提高科学决策能力，既是党的干部队伍建设的根本性问题，也是广大年轻干部担负起新时代新使命的重要条件。因此，科学决策能力是年轻干部提升领导能力所必须具备的关键能力。

## 一、当好领导的一项基本功和必修课

科学决策是做好各项工作的基础环节，也是掌握全局和指导工作的重要过程，年轻干部必须高度重视提升科学决策能力，并把这当成一项基本功和必修课。从一定程度上说，领导干部决策能力的强弱、高低，体现着执政能力和执政水平的强弱、高低。广大年轻干部提升科学决策能力，就要学会在领导实践中规避和防范决策失误，把握决策艺术和方法，提高科学决策水平和能力。这是年轻干部必须学习并掌握的知识和技能，也是提升自身解决实际问题能力的重要表现，更是贯彻落实习近平新时代中国特色社会主义思想最根本的体现。

### （一）始终重视提高科学决策能力是党的政治优势和优良传统

政策是政党或国家在一定历史时期为实现特定目标任务而规定的执政准则和行政依据，是政党和国家管理社会的基本手段。纵观党的历史，中国共产党从成立伊始就高度重视党的政策和策略，把提高党的科学决策能力作为党的一大政治优势和优良传统。在任何时候开展任何一项工作，都必须把握好、制定好、落实好政策，而政策制定和实施的逻辑前提就是要着手进行科学决策。毛泽东同志曾深刻地指出："政策和策略是党的生命，各级领导同志务必充分注意，万万不可粗心大意。"① 我们党和群众的实践，都是同一定的政策相联系着，我们的任何行动都离不开政策，都是在为实行某种政策和战略以实现党的政治任务和时代使命而奋斗着。党的政策和策略是党的利益和群众利益的体现，政策与策略正确与否，关系着党能否广泛而有效地团结最大多数人民群众，为实现党在每一个历史时期的战略目标而努力奋斗。实践反复证明，党的政策和策略是为党的路线和任务而服务的。如果说没有符合客观实际的、正确的、具体的政策和策略，我们既定的目标就无法达到。政策体现着实践主体的意志、愿望和目的，同时又是其行动指南，直接关系到实践活动的成败。所以使党的政策和策略契合客观实际、符合人民群众的根本利益，就必须首先要注重决策的科学性。毛泽东强调："善于把党的政策变为群众的行动，善于使我们的每一个运动，每一个斗争，不但领导干部懂得，而且广大的群众都能懂得，都能掌握，这是一项马克

① 《毛泽东选集》第 4 卷，人民出版社 1991 年版，第 1298 页。

思列宁主义的领导艺术。我们的工作犯不犯错误，其界限也在这里。”① 如果说毛泽东政策思想是一个以政治革命为中心而建立起来的理论体系，那么邓小平政策思想则是一个以经济建设为中心而建立起来的理论体系，并在政策制定、执行、评价等方面提出了一系列新的思想。

在改革开放新时期，之所以以邓小平同志为核心的第二代党中央领导集体在党的十一届三中全会作出了实行改革开放的重大决策，是因为解放思想，实事求是，是党的思想路线的精髓，是邓小平进行科学决策、制定各项政策的思想基础。邓小平同志所强调的制定政策、科学决策的核心要点继承和发展了毛泽东政策思想。毛泽东和邓小平都强调，政策和策略是党的生命，既要有总政策，也要有基本政策，还要有各项具体政策，制定政策要坚持实事求是，执行政策要坚决果断，评价政策要坚持实践标准、生产力标准，并把是否符合人民群众的根本利益作为检验政策好坏的最高标准。邓小平认为正确的思想路线是制定正确政策的前提，人民拥护不拥护、人民赞成不赞成、人民高兴不高兴、人民答应不答应是制定各项方针政策的出发点和归宿，所以人民的根本利益是制定政策的出发点和落脚点，必须坚持从群众中来到群众中去的政策制定方法，制定政策一定要在充分发扬民主的基础上，严格按照科学的程序和方法来进行，政策制定还要以历史经验为重要依据，以实现决策民主化、科学化、法制化。

在革命、建设和改革的各个历史时期，中国共产党都一以贯之地重视把握党的政策和策略的科学性；一如既往地重视提高全党科学决策的能力，不论是以革命成功为目标的革命方针、作战决策，还是以深化改革为目标的改革方向、改革政策，都特别注重坚持实事求是、坚持调查研究、坚持密切联系群众，以达到科学决策。习近平总书记强调：“坚持实事求是，就要坚持为了人民利益坚持真理、修正错误。要有光明磊落、无私无畏、以事实为依据、敢于说出事实真相的勇气和正气，及时

① 中共中央文献研究室编：《十三大以来重要文献选编》（中），人民出版社 1991 年版，第 766 页。

发现和纠正思想认识上的偏差、决策中的失误、工作中的缺点，及时发现和解决存在的各种矛盾和问题，使我们的思想和行动更加符合客观规律、符合时代要求、符合人民愿望。”① 这表明，中国共产党始终把重视提高科学决策的能力看作是党的政治优势和优良传统，不断地调整、提升党的政策和策略，使之符合中国实际、符合中国国情、符合人民利益。

### （二）领导干部提高科学决策能力是加强党的执政能力建设的重要方面

科学决策不但是党的执政能力建设的重要方面，是科学执政、合理行政的基础，还在我们治国理政活动中居于非常重要的位置，也是新时代对领导干部特别是年轻领导干部提出的基本要求。党的执政能力和领导水平决定治国理政成效，所以提升党的执政能力和领导水平就是要提高执政能力，其中很重要的一方面就是要提升广大党员干部的科学决策能力。要提高科学决策能力，需要全面提高战略决策和战术决策水平，只有厘清集体决策和个体决策的适用范围，明确决策依据，合理使用经验决策，才能做到科学决策。然而，为什么说提高广大党员干部科学决策能力是提升党的执政能力和领导水平的重要方面？一般地说，党的执政能力，就是党提出和运用正确的理论、路线、方针、政策和策略，领导制定和实施宪法和法律，采取科学的领导制度和领导方式，动员和组织人民依法管理国家和社会事务、经济和文化事业，有效治党治国治军，建设社会主义现代化国家的本领。其中，制定正确的党的政策和国家的发展战略是党的能力建设的一个重要维度。要认识到党的执政能力包括党作为一个整体的执政能力和党员领导干部个体的执政能力两种情况。由于国家政权中的决策和执行的权力，主要由执政党的领导干部来行使，这就决定了提高党的执政能力必然要提高党的各级领导机关和领导干部的素质和能力。各级领导干部个体素质和能力的提高，构成了党

① 《习近平谈治国理政》第1卷，外文出版社2018年版，第26页。

的整体执政能力的基础。因此，提升党的执政能力和领导水平必须得提升广大党员干部科学决策能力。

1949 年 3 月 23 日，毛泽东率领党中央离开西柏坡前夕，提出了“进京赶考”的历史命题。自此，中国共产党人开启了不断提高党的执政能力和领导水平的新征程。毛泽东说过，领导干部主要是做两件事：一是出主意，二是用干部。出主意需要决策，用干部也需要决策，决策是领导干部的重要职责，决策是领导干部的一项基本功。决策的正确与否，对发展起着至关重要的作用。正确的决策能对一个地方产生深远的积极影响，而错误的决策不仅浪费了财力、人力、物力，也极大地挫伤了群众的积极性。可以说，最大的失误，莫过于决策的失误。在我党执政的不同历史时期，提高党的执政能力和领导水平的侧重点各有不同，其中一个很重要的衡量尺度就是能不能制定正确的决策。中国特色社会主义建设进入新时代后，面对新形势新任务新挑战，我们要以“四个全面”战略布局为要求，不断着力健全提高党的执政能力和领导水平制度，推进国家治理体系和治理能力现代化。

健全提高党的执政能力和领导水平制度，是坚持和完善中国特色社会主义制度、推进国家治理体系和治理能力现代化的内在要求和关键之举。健全决策机制，确保决策科学、执行坚决、监督有力是健全提高党的执政能力和领导水平制度的一项重要任务。党的十九届四中全会通过的《中共中央关于坚持和完善中国特色社会主义制度 推进国家治理体系和治理能力现代化若干重大问题的决定》把“健全决策机制，加强重大决策的调查研究、科学论证、风险评估，强化决策执行、评估、监督”[①] 纳入健全提高党的执政能力和领导水平制度的视域下，旨在强调必须健全决策机制，以科学的、刚性的决策制度约束规范决策行为，不断提高科学决策、民主决策、依法决策水平，不断提高决策质量，努力控制决策风险，及时纠正不当决策，最终把加强党的长期执政能力建设

① 《中共中央关于坚持和完善中国特色社会主义制度 推进国家治理体系和治理能力现代化若干重大问题的决定》，《人民日报》2019 年 11 月 6 日。

同提高国家治理水平有机统一起来。

### （三）领导干部提高科学决策能力是提升解决实际问题能力的应有之义

党的十八大以来，习近平总书记反复强调，要把我们党建设好，必须抓住“关键少数”，领导干部必须养成必备的政治素养和关键能力，以守土有责、守土负责、守土尽责的责任担当，在其位、谋其政、干其事、求其效，努力做出无愧于时代、无愧于人民、无愧于历史的业绩。决策能力是新时代领导干部应该具备的最基本能力之一，决策能力直接影响并决定决策活动的效果和成败。作为一个领导者，决策贯穿于他的整个领导实践活动的始终，因此能否确立正确的决策是关系领导活动成败的关键。任何一个组织中的领导，都会对决策给予高度重视。对领导干部而言，决策的成功就是最大的成功，决策的失误就是最大的失误。领导干部水平高不高，不仅要看他读书多不多，更要看他运用理论和知识解决实际问题的能力强不强。提高领导干部的科学决策能力对于领导干部解决实际问题来说是至关重要的。因为这不仅决定了工作的成效，还决定着组织的发展，所以提高科学决策能力是提升领导干部解决实际问题能力的应有之义。我们党和国家的奋斗历史证明，必须进行科学决策、谋划战略，我们的伟大事业才能顺利向前发展，社会才能稳定进步，才能赢得最广大人民群众的支持和拥护；反之，如果决策出现问题，那么就会造成巨大的影响，本身取得的成绩就会失去，我们的社会主义伟大事业就可能受到损失，人心就可能会背离。决策是为解决实际问题服务的，如果说决策失去科学性，脱离实际，那么实际问题将不能得到有效解决。

在当前百年未有之大变局下，国际国内形势错综复杂，党和政府面临的决策环境、决策内容、决策目标等均发生深刻变化，国家治理现代化面临的机遇和挑战错综复杂，这对领导干部特别是年轻干部的决策素质和决策能力提出了更高要求。习近平总书记强调：“历史总是在不断解决问题中前进的。我们党领导人民干革命、搞建设、抓改革，都是为了解决我国的实际问题。提高解决实际问题能力是应对当前复杂形势、完成艰巨任务的迫切需要，也是年轻干部成长的必然要求。面对复杂形势和艰巨任务，我们要在危机中育先机、于变局中开新局，干部特别是年轻干部要提高政治能力、调查研究能力、科学决策能力、改革攻坚能力、应急处突能力、群众工作能力、抓落实能力，勇于直面问题，想干事、能干事、干成事，不断解决问题、破解难题。”① 科学决策能力作为党员干部所必需的能力，是应对各种风险挑战的必然要求。科学合理的决策是保障实践活动获得理想结果的首要条件。目前我国正处于建设中国特色社会主义现代化强国的重要进程中，中华民族伟大复兴正处于关键时期，经常会遇到各种严峻的问题和挑战，这就要求领导干部不仅要能够准确、快速、切实地作出决策，而且所作的决策一定要贴近实际、能够有效解决问题。比如，在 2020 年农历春节前夕，新冠肺炎疫情以惊人的传播速度在全国蔓延。这场战“疫”是对党和政府执政和治理能力的一次大考，在一定程度上考验了领导干部的决策能力与水平。面对现阶段的疫情突发事件，应急决策能力的提升就是党员领导干部解决实际问题的关键。

## 二、坚决杜绝“拍脑袋决策、拍胸脯保证、拍屁股走人”

所谓科学决策，就是指按特定的科学程序和原则，运用科学的决策技术和方法，从多种预选方案中选择和实施方案的符合客观实际的决策活动，这种决策是建立在科学的基础之上的、经过优选的、符合客观规律的决策，它决定着领导活动的目标，选择实施的方案以及组织实施方案的全过程。正如习近平总书记 2020 年 10 月 10 日在秋季学期中央党校（国家行政学院）中青年干部培训班开班式重要讲话中强调的，作决策一定要开展可行性研究，多方听取意见，综合评判，科学取舍，使决

① 《年轻干部要提高解决实际问题能力 想干事能干事干成事》，《人民日报》2020 年 10 月 11 日。

策符合实际情况。习近平指出提升科学决策能力是一门科学的学问和实践的艺术，体现了理论性和实践性、理论性和现实性的统一。新时代，年轻干部要提升科学决策的能力，就必须充分把握科学决策的基本条件和原则，遵循科学决策的合理程序，明确科学决策的基本途径。

### （一）充分把握科学决策的基本条件和原则

科学决策是现代管理学研究的重要范畴，主要涵盖两个方面的内容：一是决策制定过程的科学性，包括决策方法、信息分析的科学性等；二是决策程序的科学性，包括决策程序、决策机制的科学性等。这就要求凡决策都应做到科学正确，建立起一整套严格的决策制度和决策程序，以避免决策失误。领导干部要有效地实行领导，就必须科学地决策。因此，新时代，各级领导干部都必须对科学决策的基本条件、基本原则有充分认识，提高科学决策的有效性。

第一，科学决策的基本条件。决策，简而言之，就是决定的策略和方法。在管理活动中，决策是使用最频繁的方法，也是一个领导干部的基本职责。无论是一个国家、地区，还是一个单位、部门都离不开决策。然而，科学的决策并不是简单的拍板、随意决策，更不是头脑发热、信口开河、独断专行。而是要求领导干部凭借科学的思维，从客观实际出发，运用科学理论和方法，充分发挥集体的智慧和力量，系统分析客观条件作出正确的决策。决策的科学性，绝对不是领导干部凭着个人的兴趣或经验主观决断瞬间拍板，而是必须满足一定的条件。科学决策的基本条件主要有四个：一是决策具有明确的目标。决策总是为了达到一个明确的目标，没有明确的目标就无从进行科学的决策。二是决策具有合适的方法。决策总是在确定的条件下，寻求优化的目标和优化地达到目标的方法，因此，决策总是在若干个有价值的方案中进行选择。没有可供选择的多种方案，便无从优化，没有优化就不是科学决策。三是决策具有可实施性。决策总是要付诸实施的。科学决策应是符合客观规律的。因此，在付诸实施之后，应该经得起实践结果的检验。经不起客观实践检验的决策，就不是科学决策。四是决策具有全面性。科学还应有对实施过程中情况不断变化的估计，并制定应变方案，没有应变方案的决策，也不是科学决策。以上四个基本条件，不仅相互联系，缺一不可，而且依次递进，不可逾越。

第二，科学决策的基本原则。为了保证决策的科学性，现代领导干部在进行决策过程中，应遵循下列原则：一是时效原则。决策一般都有强烈的时间要求，决策的成功与失败是与时机紧密联系在一起的。领导干部必须牢记，任何所谓“最佳决策”都只是相对于某一时机而言的。错过机会，就可能变成欠佳的决策甚至是不佳的决策。因此领导干部在抉择决策方案时，掌握时效原则，把握好时机，狠抓决策落实是非常重要的。习近平总书记强调，对党中央作出的决策、部署的工作、定下的事情，要雷厉风行、紧抓快办，案无积卷、事不过夜，要扭住不放、一抓到底。不论是作出决策还是落实决策，都要快刀斩乱麻，理清思路，追求时效，把握质量与效率的统一。

二是理性原则。一切从实际出发，尊重事实，尊重科学。一要排除各种非理性思考，兼听则明。个人成见、自以为是、先入为主、感情用事等等都是非理性因素。各种非理性因素很容易掺杂在决策的思考中，导致决策者一意孤行，听不进相反意见。领导干部抉择决策方案时，必须力图避免非理性因素掺杂进来，保证决策的科学性、正确性。领导干部要创造各抒己见、百家争鸣的决策环境，同时要善于听取不同意见甚至反面意见，善于从反面意见中汲取营养。想要成为这样的领导干部，就要做到：用诚心换信任，以理服人，不对反面意见进行指责。二要依靠智囊和独立判断相统筹。俗话说：“一个好汉三个帮。”现代社会发展变化日新月异，领导干部在科学决策时单打独斗是不够的，需要集他人的思想和智慧为己所用，发挥智囊团或“外脑”作用，是新时代领导干部科学决策的必要条件。任何领导干部都不可能是万能的，都受着时间、精力和能力的限制。领导干部要想正确地进行决策，必须依靠专家们的智慧，听取他们的意见，尊重他们的建议。但是，领导干部必须时刻记住，在允许专家独立思考的同时，自己一定要具备独立见解和判断能力。领导干部是对决策所要解决问题的意义最为清楚的人，是对所能解决这个问题有关的外部问题最为熟悉的人，是最清楚解决这个问题究竟能够得到多少条件的人。因此，领导干部应比专家站得更高，必须对专家们的意见加以考察、分析、权衡，最后作出抉择并对其后果负责。

三是系统原则。决策必须遵循系统原则，必须强调决策的系统性。任何一个系统都是由许多部分组成的，部分和整体之间存在着十分复杂的交叉效应。系统原则要求领导干部不能单从某一部分、某一指标来考虑问题和解决问题，必须从系统的整体要求出发，考虑决策所涉及的整个系统和相关系统及其相互联系与相互作用，考虑系统所存在的环境条件等，只有这样，才能实现决策的整体化、综合化。那种只顾局部利益，只求突出局部，只顾局部优化而不顾整个系统效应的决策，只能是一种顾此失彼的决策。既要吃透"上情"，把党的路线、方针、政策吃透，掌握精神实质；也要吃透"下情"，就是深入基层、调查研究、熟悉本地实际情况；还要吃透"外情"，就是要用全局眼光和战略思维分析、研究本地实际问题，确保决策的科学性。

四是可行原则。现代领导决策是有行为后果的，是为了实施转化而行动的。因此，决策必须具备可行性。领导干部要保证决策的可行性，就必须使决策符合科学技术发展的规律和经济规律。这就要求领导干部抉择决策方案时不能只图一厢情愿，只考虑主观需要而不考虑客观可能；只希望得到成功的机会和有利的因素，而不注意考虑不利因素和承担失败的风险。总之，领导干部要尊重科学，要实事求是。尤其是在面对风险型决策和非确定型决策时，由于客观上存在着不以人们的主观意志为转移的多种可能的自然状态，而且又只能计算出各种状态发生的概率，或者连概率也不易估算，领导干部在抉择决策方案时，必须谨慎从事，充分考虑有利和不利因素及其发展变化的趋势，尽量留有余地，准备好必要的应变方案，使决策建立在既可靠又可行的基础上。

五是合法原则。所谓决策的合法性，一方面决策的内容必须合乎法律的规定和上级的指示精神，领导干部必须依法决策，依法行政；另一方面决策方案必须符合法定程序。我国的各级政权组织、各种团体组织，都有各自不同的章程，明文规定了解决哪一类问题应当遵循何种程序和手续，如要通过决议必须有法定的出席人数、法定的多数赞成等。这种程序虽不涉及决策的实质性内容，但它却可以用严格的步骤来约束决策行为，以便减少决策失误的可能性。因此，程序上的合法性，是任何决策在实质上的合理性的必要条件，违反法定程序的决策应当是无效的。历史上已多次证明，程序上的错误背后往往隐藏着或者将会导致实质性的错误。同时，决策者对决策结果必须负法律责任。

另外，还要遵循择优原则、动态原则、反馈原则。就是说决策必须是多种方案的择优选择，决策者要不断调整和修正第一决策，要随时注意收集情报，及时总结经验，以便尽早采取修正措施。因为任何决策都可能在实施过程中遇到这样或那样的意外情况，当发现决策意见与客观情况不完全符合时，领导干部应进行必要的修正。然而，必须注意坚持科学决策，就要正确对待经验决策。首先，经验决策带有一定的重复性，多半只适用于过去曾经处理过的问题或类似问题。经验决策会在很大程度上限制决策的创造性，导致无先例的事不能做，而创新的本质恰恰在于无先例。其次，经验决策带有一定的表面性，对内部联系和因果关系缺乏科学的、严格的定性定量分析。如果每一项决策都要通过失败来验证，那就要延缓事物的发展速度，特别是重大决策，是交不起失败的学费的。再次，经验决策有很大的盲目性，常常因领导干部素质的高低和感情的浓淡而发生变化，容易为长官个人意志所左右，从而使决策带有很大的主观随意性，甚至使结果适得其反，导致决策失误，给党和人民利益造成损失。一般来说，日常工作中比较熟悉、比较简单的问题，适用于经验决策；全局性的、战略性的、复杂性的、长远的规划、政策和问题，则必须进行科学决策。总之，领导干部在决策过程中，一定要坚持科学决策的基本原则，并在科学决策的基础上，借助经验决策的优势，避开其劣势，使科学决策升华到新的高度，保证决策的正确和有效。

### （二）遵循科学决策的合理程序

新时代领导干部的科学决策的能力，取决于领导干部的决策水平，取决于自身的素质。为了提高科学决策水平，要有不断创新的进取精神，要有渊博的学识和丰富的经验，要有缜密新颖的思维方式，还要有当机立断的魄力，这样才能多谋善断，准确抉择。科学决策指领导干部按照健全的科学程序，依靠科学专家运用现代化方法和先进技术去进行决断。一个健全的决策程序应该是一个科学的系统，每一步都有科学的涵义，又是有机衔接的关系，并且为了使每一个步骤达到科学化，还必须有合理的程序给予保证。

第一，直面问题，发现问题。发现问题是领导决策工作的起点，一切决策都是从问题开始的。所谓问题，就是决策对象存在的矛盾。及时敏锐地发现问题，是领导决策能力的集中反映，是领导干部的重要职责，是决策活动的起点，是决策过程的第一大步骤。正如习近平总书记所强调的，调查研究是成事之道、谋事之基，正确的决策离不开调查研究，正确的贯彻落实同样也离不开调查研究，必须在全党大兴调查研究之风。领导干部的调查研究要紧扣人民群众生产生活，紧扣经济社会发展实际，紧扣全面从严治党面临的现实问题，紧扣贯彻落实党中央精神，及时发现问题，既到困难较多、情况复杂、矛盾尖锐的地方去研究问题，又到工作局面好的先进地方去总结经验，努力培养善于解决问题的能力。领导干部要敢于直面问题、解决问题，需要提升党性修养，培养担当负责的魄力，发扬斗争精神；要敏于发现问题、善于解决问题，则在于日常积累和自我提升，这其中调查研究是一种有效途径。

第二，分析问题，确定目标。确定目标是领导决策的重要一步。根据所发现的问题来确定准确的决策目标，是科学决策的首要标准。目标一错，一错百错。所谓目标，就是在一定的环境和条件下，在预测的基础上所希求得到的结果。一般地说，目标有四个特征：单义性，即目标的内涵和外延都是科学而又明确的，不能是模糊不清的；定量性，即目标的成果或程度是可以衡量的；时限性，即目标的落实必须有规定的时间要求；责任明确性，即目标必须是可以确定其责任的。也就是说，决策目标是有的放矢的，是具体的，是切实可行的，是符合法律法规要求的。

第三，价值分解，拟制方案。价值分解就是运用价值准则，落实上一步所确定的决策目标，为以后的评估和选择方案提供基本依据。一要把目标分解为若干层次的可以确定的价值目标。二要规定出分解后的各个价值指标间的主次、缓急以及在相互发生矛盾时的取舍原则。三要指明实现分解后的这些价值指标的约束条件。拟订的方案又称为备择方案，是准备提供给领导干部最终抉择的，它的数量和质量直接影响到最终的决策结果。备择方案必须具有齐全性和排斥性。简单的决策问题可以直接设想几个备择方案。而较为复杂的决策问题，通常可以分两步走：第一步是轮廓设想，第二步是细部设计。轮廓设想阶段需要大胆的创新精神和丰富的想象力，细部设计阶段则需要求实的精神、冷静的分析、严格细致的论证。这就要求决策者在这个过程中，必须注重发扬民主，集思广益。

第四，分析评估，试验实证。分析评估就是对所拟定的各种备选方案，从理论上进行综合分析和评比估价，从而得出各种备选方案的优劣利弊。这是决策过程的关键步骤。对方案进行准确的评估和选择，一要有合理的评选标准，二要有科学的评选方法，三要采取最优方案。方案选优就是要从评估后的各种可供选择的方案中权衡利弊，然后选取其一，或综合成一，这是领导干部的决策行动，是一项极其复杂的工作。试验实证就是在方案选定以后，为了避免失误，有些重大决策在普遍实施以前必须进行局部试验，以验证方案实施的可靠性。试验实证，就是通常所说的试点。试点是一个科学的步骤，但必须科学地进行才能具有科学的意义。试验必须在全局情况中具有某些典型条件，试验必须严格按照所决策的方案实施，这样才能得出符合实际的科学结论来。

第五，全面实施，狠抓落实。这是决策基本程序的最终阶段。虽然通过了上一阶段的试验实证，可靠程度一般是较高的，但是，在实施过程中，仍可能会发生这样那样的与目标偏离的情况，因此，必须加强反馈工作，采用一套追踪检查的办法。这是决策过程的最后一个环节。在实施阶段主要应做好以下几个方面的工作：一要编制实施计划，把决策具体化；二要组织实施力量，保证决策方案的实现；三要落实实施责任，建立严格责任制；四要建立反馈系统，及时检查发现决策方案实施中的问题；五要纠正决策偏差，必要时进行决策修正或追踪决策。

### （三）明确科学决策的基本途径

正确决策是保证党和国家各项事业顺利开展的重要前提。建立健全科学民主决策制度，是实行民主集中制的重要环节，是发展社会主义民主政治的客观要求，是新形势下加强党的执政能力建设和加强政府自身建设的重要任务。这要求我们不断完善科学民主决策体制、机制和制度，提高决策的水平和质量。科学决策就其基本要求和途径而言，除了要坚持决策原则、严格决策程序和运用科学的决策方法之外，还要努力实现决策的民主化、科学化和法制化。

第一，科学决策须彰显民主化。狭义的民主决策，是指具有决策权的领导集体共同作出抉择的一种方式。广义的民主决策，是指具有决策权的领导集体在广泛征求专家、智囊以及广大群众意见的基础上作出决策的一种方式。习近平总书记强调，作决策一定要开展可行性研究，多方听取意见，综合评判，科学取舍。民主决策与个人决策相比，在很多方面是有差别的。在决策内容上，事关大局的重大问题宜采用民主决策的方式，而不是事无大小统统依靠民主决定；在决策的过程上，领导集体充分讨论，集思广益，是其突出的特点，而个人决策过程更多地体现个人行为；在决策效率上，民主决策往往用时较长，效率较低，而个人决策较为迅速；在决策责任上，民主决策较为模糊，而个人决策责任明确。可见，二者各有千秋，应根据实际的问题和情况来确定，把这两种方式有效地结合起来，用其所长，避其所短。“智者千虑，必有一失。”特别是现代社会的复杂性，要求决策时必须集思广益、深思熟虑，在重大问题上靠个人决策是不能适应复杂的形势和任务要求的，应当把决策的重点放在民主决策上。

一是实行民主决策，必须高度注重发挥智囊团的作用。1999 年，时任福建省委副书记、代省长的习近平同志，很重视科学决策，很重视发挥智囊团的作用，认真听取各种意见，善于听取不同的声音，经过比较综合选择后再拍板作决策，做到了“兼听则明”。他主持省政府工作后，首先倡导听取专家意见，集中专家智慧，为全省工作出谋划策，组建了“福建省人民政府专家咨询组”。这样的方式，可以让决策越来越科学。在现代决策体制中，智囊团具有重要的地位和作用，也是民主决策的重要体现。一个人的智慧是有限的，有智囊团的话，大家都可以出点主意，群策群力，这对于党委和政府增强决策的科学性、实效性是很有益处的。充分发挥智囊团的作用，是领导干部进行科学决策的重要保证。智囊团在决策中的作用，就是要填补领导职责与其能力的差距，充当领导的“外脑”。毕竟在复杂多变的条件下，即使是最称职的领导干部，也无法完全单独进行决策，而必须依靠智囊团，才能进行科学决策。在纷繁复杂的社会建设整体化的过程中，往往会“牵一发而动全身”。在这样的条件下，决策的难度更大了，决策的地位也更为突出了。

我国社会主义现代化建设事业的发展，对领导干部的决策提出了更高的要求。“一着不慎，满盘皆输；一着占先，全盘皆活。”作为社会主义现代化建设中的领导干部，其基本的职能首先是决策，这是领导工作的关键环节。决策水平的高低是检验领导水平的一个主要标志。因此，任何一个领导干部，都要在决策过程中进一步完善公众参与、专家论证和集体决策相结合的决策机制，保证决策的科学性和正确性。在决策过程中，领导干部应该发挥好智囊团的作用：对决策问题进行科学预测；对决策方案进行具体设计，对其详细地分析论证；对决策问题的有关方面进行咨询；对决策的实施情况进行反馈分析。领导干部与智囊团的关系是“多谋”与“善断”的关系，二者相辅相成而不能相互取代。两者应各负其责，相互补充，相互配合，共同保证决策的科学性。

二是实行民主决策，必须建立完善重大问题集体决策制度。所有重大决策，都要在深入调查研究、广泛听取意见、进行充分论证的基础上，由集体讨论决定。党的十八大和十八届三中全会都要求加强中国特色新型智库建设，建立健全决策咨询制度。建立专家咨询制度和社会公示、社会听证制度，是为了避免决策的盲目性，重大工程项目和涉及群众切身利益的项目，必须经过专家进行深入地调查研究和充分论证，拟定和评价方案，为决策提供充分的依据，有效建立决策责任制度。由于责任不明，决策者没有决策失误的压力，致使“拍脑袋决策、拍胸脯保证、拍屁股走人”（简称“三拍现象”）的现象屡见不鲜。“三拍现象”没有坚持求真务实的工作作风，没有真正做到为人民服务，没有做到审慎使用权力，使得决策失去了科学性与民主性。针对“三拍现象”，我们要转变工作作风，增强服务意识，审慎用权，科学民主决策。实行“谁决策、谁负责”，实行“责权利”挂钩，有效杜绝随意决策、草率决策。

当然，有决策就会有失误的风险，领导干部决策也概莫能外。就决策失误的原因来看，除了腐败导致的决策失误和不可避免的正常决策失误外，我们见得最多的决策失误不外乎这几类：首先是政府职责不明，滥用权力，包办了不该办的事；其次是官员好大喜功，只对上级负责，搞政绩工程、样板工程以期博得上级领导的赏识，得以晋升；再次是官员素质不高，有长官意志，意气用事，下级也唯上所好，指鹿为马；再次是决策目标出现偏差，个人的财产权、发展权、选择不同的生活和生产方式等合法权利得不到保护和尊重；最后是决策权力过于集中，正确的决策信息不能准确迅速地传递给决策人。进入新时代，新技术、新理论、新问题、新思路、新情况对各级领导的行政决策提出了严峻的挑战。目前在各级行政领导决策中表现出的随意性、盲目性和主观性非常普遍，甚至在人大通过的法律法规中，也出现了许多不科学、不严密的语言和条款。这些问题必须逐步克服。

三是实行民主决策，必须有效地对领导干部尤其是“一把手”进行监督。“一把手”说了算，是长期以来一些决策的习惯做法。党员群众对一些地方和部门选人用人工作有意见，一个重要原因就是选谁用谁还是少数人说了算。一个单位，“一把手”用人权过度集中，容易产生腐败，这已经成为各界的共识。

“一把手”说了算，是一种典型的个人决策方式，与民主决策是相对立的，在实践中带有很大的弊端。不少地方“一把手”大权独揽，小权不放，事无巨细，一个人说了算，就是所谓集体办公、民主讨论、民主决策，也是走形式、做样子，最后拍板一锤定音的还是“一把手”。以至于造成“一言堂”，班子成员作陪衬。失去民主空气的领导班子死气沉沉，副职领导和其他成员感觉非常压抑，但是无可奈何。拿县委书记来说，按照现行体制，在县一级权力架构中，县委书记除了对当地的重大项目、人、事、财进行支配，还可以直接影响身边人的命运，而别人则很难对其进行有效的监督和制约。他表过的态，没有人敢说“不”；他定了的事，没有人敢阻拦。坊间就曾调侃某些县委书记这样用人：“谁关心我，我就让组织部长关心他；谁不关心我，我就让纪委书记关心他。”一个从市委书记岗位上落马的贪官有句“名言”：“谁影响我一阵子，我就影响他一辈子。”包括县委书记在内的“一把手”用人权之大，由此可见一斑。

事实证明，许多失误的决策，都在一定程度上与“一把手”说了算有联系。因此，要实现决策民主化，保证决策正确，就必须杜绝“一把手”说了算的现象，就必须充分发扬民主集中制，关键是要强化党委班子民主意识和民主作风。党委班子是领导核心，应提升党委班子的民主意识和民主作风。“一把手”要做到不在开会前“个人定调”，不在讨论中“个人定音”，不在形成决议时“个人定局”，全面分析各种不同意见，最大限度地凝聚一班人的智慧和力量。为了有效防止这类现象的发生，领导干部要提高自觉接受监督的意识，加强贯彻民主集中制原则的教育。“一把手”作为被监督者，要乐于接受监督，要把组织监督、群众监督和各方面的监督看成是对自己的关心和爱护，而不是把监督看成是对自己的束缚。另外，“一把手”作为监督者，要不断地改造自己的世界观，加强党性锻炼，只有这样才能无私无畏，做到敢于监督、善于监督、勤于监督。

加强对“一把手”的监督必须突出监督重点，增强对“一把手”权力监督的有效性；必须对症下药，突出监督重点，确保收到实效；必须慎重授权，严把各级“一把手”的选拔任用关；必须盯住关键环节，增强对“一把手”权力监督的针对性；必须抓住关键环节，建立和完善以民主集中制为核心的权力监督制约机制，将“一把手”权力置于有效监督之中；必须理顺监督体制，增强对“一把手”权力监督的权威性；必须增强监督主体的监督权威，克服监督主体分散各自为政的局限；必须完善监督机制，增强对“一把手”监督管理的协调性，充分发挥各种监督渠道和监督主体的作用，并使之协调起来，形成合力，从各方面对“一把手”监督到位；必须健全监管制度，增强对“一把手”权力监督的规范性，推进权力监督的制度建设，确保监督管理工作有章可循。

第二，科学决策须彰显科学化。所谓决策的科学化是指领导干部在正确的决策理论指导下，运用科学的思维方法，根据客观规律和严格的决策程序进行决策的过程。决策科学化就是要求决策者在作出决策时，必须以科学的资料为依据，按照一定的科学程序和方法，排除个人的猜测、偏见或武断，提高领导决策的质量和水平的关键在于在领导决策中全面应用科学决策的方法和技巧，实现领导决策的科学化。因此，科学决策的理论和方法是现代管理科学重要的研究方向之一，目前已经逐渐系统化、规范化。科学决策要求在决策过程中，以科学思考、科学预测和科学计算为依据，综合运用计算、试验、模拟等手段，并且要充分考虑到变量的多寡、目标的不同以及条件的差异等随机因素。因此，决策科学化是正确决策的重要途径。那么，判断决策科学性的标准是什么呢？

一是可行性。这是领导决策科学性的事实判断标准。要判断一项领导决策是否有科学性，首先要考虑该项领导决策的可行性程度，因为可行性是确定领导决策价值的一个前提条件，没有可行性的领导决策是无价值的、更无科学性可言的，所以可行性是领导决策科学性的一个重要标准。领导决策的可行性是领导决策实践的条件性，科学的领导决策只有建立在一定的条件基础之上才能实现，这些条件包括：①经济条件。进行领导决策要考虑经济因素，经济是领导发展的基础，是领导决策的保证。我国经济发展存在地区上的不平衡，领导决策要据此进行合理选择，例如决策时是平均使用力量，还是优先发展某个地区？领导干部在进行领导决策时，既要考虑当前的经济结构，也要预计今后经济发展的速度和经济结构可能的变化。②政治条件。随着政治因素在国家生活中重要地位的加强，仅仅对其进行技术上和经济上的评价是绝对不够的，社会政治方面的可行性分析应成为需要重点解决的问题。③文化传统条件。领导决策必须符合国家的文化传统习惯，符合当时社会总的价值规范以及伦理道德观念等。主要体现在：首先是决策的实施是否能满足人民群众的精神需要。因为这种满足有利于社会秩序的协调、稳定和健康发展。其次是决策是否能体现社会道德规范。因为道德规范可以协调社会的稳定与和谐。当然，在进行领导决策时还要考虑到另外一些因素，如人员质数上是否可行，时机上是否可行，技术上是否可行，等等。

二是合理性。这是领导决策科学性的价值判断标准。决策合理性法则，即决策的合理性，就是在能评价行动结果的一定的价值体系下，选择恰当的代替行为。领导决策过程实际上是一个价值判断过程。决策决定的是“应该怎么做”，而决定决策的则是“为什么这么做”。价值，作为一个哲学范畴，指的是主体对客体的肯定与否定关系，表明客体的属性和主体的需要之间的一种特殊的效用关系。所以，领导决策评价活动作为对领导决策价值的认识活动，就是用领导决策主体的需要作为出发点来衡量决策所具有的价值量之大小。如某一决策能满足决策主体的需要，决策形成正的价值；如不能满足，则是零价值；如不仅不能满足，反而产生危害，则形成负价值。只有有价值的决策，才是科学的决策，决策的价值越大，就越具科学性。

三是实践性。这是领导决策科学性的规范判断标准。判断一项领导决策是否是科学的决策，最终要到实践中去检验。科学领导决策的目的在于实现领导决策的目标，领导决策的制定只完成了过程的一半，领导决策的实施更为重要。它需要经过多个环节，每个环节都需要密切配合。决定整体功能大小的因素是系统中最弱的构成部分而不是最强部分，这就是著名的“木桶理论”或“铁锁链理论”：即决定木桶盛水量多少的是木桶上最短的那块木板，决定铁锁链强度的是铁锁链中最弱的那一环。这就证明，领导干部要抓好决策执行中的任何一个环节，特别是薄弱环节。实现科学决策，最重要的是必须严格按照决策的基本程序进行决策。这是保证决策科学性的关键。

第三，科学决策须彰显法治化。法治是治国理政的基本方式，是科学决策的重要保障。只有决策是依据法律以合法的形式作出的，其科学性才有基本保障。法治作为基本的国家治理方式，依法治国、依法执政、依法行政、严格执法和公正司法，决定了推进国家治理现代化本体上和路径上就是推进国家治理法治化。可以说，现代法治从内在维度而言，为国家治理注入良法善治这一基本价值，并提供了善治的创新机制；从外在构造讲，法治化是国家治理现代化的必由之路，治理能力法治化和治理体系法制化是国家治理法治化的两个基本表现。依法治国就是广大人民群众在党的领导下，依照宪法和法律的规定，通过各种途径和形式管理国家事务，管理经济文化事业，管理社会事务，保证国家各项工作都依法进行，逐步实现社会主义民主的制度化、法律化，使这种制度和法律不因领导人的改变而改变，不因领导人看法和注意力的改变而改变。所谓决策的法治化，就是决策内容、决策程度必须符合法律规定，决策者必须接受法律监督并对决策结果负法律责任。在全面依法治国视域下，宪法和法律在国家和社会中居于至高无上的地位，党的领导要在宪法和法律范围内活动。由此便决定了领导干部包括领导干部在内的任何决策，都必须努力实现法治化。各级领导干部要学习相关法律知识，做到知法、懂法、守法、用法，提高领导干部的法律素质和依法办事的能力，从而实现领导决策的法制化，这是决策史上的一个重大飞跃。

依法进行的决策，因其稳定性、规范性、现实理性等得以提升，从而成为其走向科学化的重要标志。领导干部的决策尤其是行政决策，除具有一般管理决策的共性之外，还有其特殊之处，集中的表现就是行政决策具有鲜明的政治性。这就决定了决策必须实现法治化。一是决策内容必须符合法律规定。决策总是带有具体性的，决策的内容就是需要在未来时间做的具体事情。决策者必须明确什么事情法律规定可以做，什么事情法律规定不能做，并在决策中体现出来。然而在实践中往往有些领导干部在决策时，只顾自己小集体的利益，只顾自己的一时一地的发展，而不管大局，甚至以身试法，损害整体利益。决策要有合法性，要遵循有关法律、法规、规章等依据和履行决策法定程序。二是对决策过程加强民主法制监督。对决策过程的民主法制监督，主要是促使其程序合法化。程序的合法是保证决策正确的重要因素。三是决策人要敢于担责，对决策失误责任人责任及时追责。以往实践中存在的一个十分突出的问题就是，决策正确且取得效益的时候，决策者纷纷争功，而一旦决策失误，便互相推卸责任，更没有人愿意承担法律责任。加之我国法律制度上的不健全，造成了对决策失误者包括一些造成严重社会后果的决策失误者的法律制裁不到位。这种状况，必须改变。只有使决策失误者承担必要的法律责任，才能对决策者产生震撼，促使决策者在决策时更加慎重。那种认为政府是出于良好的愿望所以就不予追究的观点显然是无稽之谈。

## 三、多打大算盘、算大账，少打小算盘、算小账

新时代，进入新发展阶段，贯彻新发展理念，构建新发展格局，所面临的问题会越来越多样、越来越复杂，领导干部必须在实际工作中提高科学决策能力，提高科学决策水平，注意把握科学的工作艺术和工作方法，使决策既遵循客观实际情况，又契合人民群众的根本利益，也顺应党和国家的发展大局。那么，如何实时准确地了解经济社会的变化，把握客观事物的发展规律，提高领导干部决策的质量和水平，并对决策及其执行情况进行有效评估和监督，就是各级领导应具备的基本能力。习近平总书记强调：“年轻干部要提高科学决策能力。做到科学决策，首先要有战略眼光，看得远、想得深。领导干部想问题、作决策，一定要对国之大者心中有数，多打大算盘、算大账，少打小算盘、算小账，善于把地区和部门的工作融入党和国家事业大棋局，做到既为一域争光、更为全局添彩。要深入研究、综合分析，看事情是否值得做、是否符合实际等，全面权衡，科学决断。作决策一定要开展可行性研究，多方听取意见，综合评判，科学取舍，使决策符合实际情况。”① 习近平

① 《年轻干部要提高解决实际问题能力 想干事能干事干成事》，《人民日报》2020 年 10 月 11 日。

总书记的讲话高屋建瓴、立意深远，坚持以问题为导向，为领导干部提升解决实际问题的能力提出了明确要求，为领导干部提升科学决策能力提供了基本遵循，指明了新时代年轻干部锤炼过硬本领、干事创业、想干事能干事干成事的根本方向。

### （一）坚持执政为民的执政理念，不断强化问政于民的初心

“治国有常，而利民为本。”我们的党来自人民、服务人民，从诞生之日起就把“人民”镌刻在自己的旗帜上。从梁家河一路走来的40多年间，习近平同志始终以百姓之心为心。执政为民是他首要的政治品格、不变的理想情怀。在党的十九大报告中，习近平总书记指出：我们党要坚持立党为公、执政为民，践行全心全意为人民服务的根本宗旨，把党的群众路线贯彻到治国理政全部活动之中，把人民对美好生活的向往作为奋斗目标，依靠人民创造历史伟业。这就要求我们必须不断强化服务意识，恪守为民之责，多办利民之事，虚心听取普通百姓建议和意见，才能把握群众所思所想所盼，使政府的政策合民意，暖人心，有效果；要胸怀人民，坚持以人民为中心作决策，将人民至上理念落实到每一项具体决策和工作中。作为党员干部，要不断加强党性修养，增强党性观念，要把个人追求融入党的事业和单位建设之中，始终把工作着眼点和落脚点放在提高解决实际工作的能力上，放在推动建设健康发展上，放在高标准完成工作任务上；要自觉站在政治高度和全局角度处理问题，正确对待利益得失，坚决服从组织安排；要不断改进作风，勇于解决问题，特别是对那些深层次矛盾，更要坚持原则、主动作为；要进一步端正对人民群众的态度，一事当前先想到基层、先想到群众，坚持问政于民、问需于民、问计于民；要把基层的困难和群众的冷暖挂在心上，切实克服形式主义、官僚主义，千方百计做好广大职工群众帮难解困工作。既要把握客观规律，又要顾及人民利益，把执政为民的执政理念贯穿到治国理政的实践中，贯穿到作决策的整个过程中，只有这样才能作出符合科学和客观实际的决策。

新时代，我国社会主要矛盾已经转化为人民日益增长的美好生活需

要和不平衡不充分的发展之间的矛盾。发展不平衡不充分问题依然突出，人民对发展的期待、对治理水平的要求也在逐步提高。在涉及人民根本利益、人民切身利益、人民身边利益的实际问题上，要敢于迎难而上，出真招、见实策，做好调研，开门问策，多方听取意见，科学研判，立招见影，使决策符合实际情况，以科学决策赢得人民的拥护。对于领导干部而言，提高科学决策能力，必须切实做到执政为民、胸怀群众、问计于民、决策为民，切实做到全心全意为人民服务。一要坚持正确的政绩观，始终把老百姓的安危冷暖时刻放在心上，以造福人民为最大政绩，想群众之所想，急群众之所急，让人民生活更加幸福美满；抱着对党和人民的事业高度负责的态度，求真务实、真抓实干，做工作自觉从人民利益出发，脚踏实地，扎实肯干，埋头实干，尽心尽力为人民谋利益，决不搞华而不实、劳民伤财的决策部署，做到“民之所好好之，民之所恶恶之”，作出真正造福群众的决策，创出真正造福人民的政绩。二要坚持牢固的群众观。我们党最大的执政优势在于密切联系群众。我们在决策时要充分考虑群众意愿，维护群众利益，把对上负责和对下负责统一起来，坚决杜绝“不怕群众不满意、就怕上级不注意”的错误倾向；充分尊重群众首创精神，坚持问政于民、问需于民、问计于民，拜人民为师，向群众求教，把实事好事办到群众心坎上，不搞主观臆断和违背客观规律的“拍脑袋”决策，不追求脱离实际的盲目攀比，不提哗众取宠的空洞口号；始终为民谋利解难，多想想群众的事情办好了没有、群众的困难解决了没有、群众还需要我们做什么，急民之需、解民之忧、纾民之难，使群众最大限度地享受改革发展成果。

### （二）树立远见卓识的战略眼光，不断提升战略思维能力

战略思维，就是高瞻远瞩、统揽全局，善于把握事物发展总体趋势和方向。梳理习近平总书记治国理政中的一些重要论述和重大举措，我们不难发现处处闪耀着的战略智慧。早在 2003 年，习近平同志就发表文章表明，要有世界眼光和战略思维，要努力增强总揽全局的能力，放眼全局谋一域，把握形势谋大事。党的十八大以来，他更是多次强调在

改革和发展的各项工作中要有战略思维。“战略”“全局”“方向”“长远”等都是他讲话中的高频词。谈到全面深化改革时，他强调全面深化改革要坚持从大局出发考虑问题，要真正向前展望、超前思维、提前谋局，重大改革举措必须符合全局需要，必须有利于党和国家事业长远发展，只有这样，最后形成的文件才能真正符合党和人民事业发展要求。他还指出：要做到科学决策，首先要有战略眼光，看得远、想得深；全党要提高战略思维能力，不断增强工作的原则性、系统性、预见性、创造性。可以说，高瞻远瞩的战略思维是始终贯穿在以习近平同志为核心的党中央治国理政的丰富实践中的一条重要思想线索。历史和实践证明，战略思维是党和国家事业取得伟大历史性成就和历史性变革、迈上新台阶的重要思想武器和精神动力。

面对各种风险挑战和严峻考验，广大领导干部必须站在新时代的高度上，观察形势、分析问题、解决问题，能够在复杂多变的形势下，树立远见卓识的战略眼光，不断提升战略思维能力，以战略家的头脑运用战略思维，把握事物发展的总体方向，总揽全局，把握未来。古人云：“自古不谋万世者，不足谋一时；不谋全局者，不足谋一域。”领导干部的战略思维，是一种着眼全局和长远观察、思考和处理问题的科学思维，是研究全局性、长远性和根本性问题的思维方式，是分析和解决宏观性、前瞻性、政策性等重大问题的立场、观点和方法。无论是担任哪一级组织的领导干部，不论职位高低、不论分管领域大小，一旦不具备战略思维，实现总揽全局、科学决策就无从谈起。领导只关心眼前的事情，胸无大局、不讲大局那是没有未来的，是不可能成为一个好领导、一个有发展前途的领导的。所以，一位卓越的领导干部，不可能什么都懂，但一定要懂全局、把握大局，必须是一名高瞻远瞩的战略家。

因此，领导干部要站在战略的高度，努力增强总揽全局的能力，放眼全局谋一域，把握形势谋大事，才能够从全局角度、以长远眼光看问题，从整体上把握事物发展趋势和方向，才能够确保制定科学可行的战略方案，同时能够根据环境变化及时调整战略方案；要善于以长远的眼光分析和解决具有宏观性、前瞻性、政策性的重大问题，认识和把握事物本质，展示的是看问题的高度和深度，确保战略决策的科学性和正确性，而绝不能成为一个单纯的事务主义者；要勇于改革创新，在进行战略决策时，必须注重创新，具备一定的战略眼光，提高总揽和驾驭复杂局面的本领，以全新的观念、全新的思维、全新的举措，争取跨越式突破、跳跃式发展；要善于把解决具体问题与解决深层次问题结合起来，不能头痛医头、脚痛医脚，既要顾及当前利益，也要看到长远利益，把握质和量、长远和当下的统一；善于把局部利益放在全局利益中把握，不能只见树木、不见森林；善于把眼前需要与长远谋划统一起来，不能急功近利、投机取巧；善于把国内形势与国际环境结合起来，不能闭目塞听、固步自封。

总之，树立远见卓识的战略眼光，不断提升战略思维能力，就必须要提高高瞻远瞩、统揽全局，善于把握事物发展总体趋势和方向的能力；要站在历史高位、价值高点、世界高度来观察、思考和处理问题；要有前瞻性、预见性，善于透过纷繁复杂的表面现象把握事物发展的未来方向；要勇于走前人没有走过的路，善于做他人没有想到的事；要在事物发展变化中抓住主要矛盾和矛盾的主要方面，在战略应对和战略实施中抓住重大关系、重点领域和关键环节。

### （三）增强调查研究的政治自觉，不断提升综合研判效能

党的十八以来，习近平总书记围绕调查研究思想进行了深刻生动阐述。他强调，调查研究是谋事之基、成事之道，要求在全党大兴调查研究之风。历史和实践证明，把调查研究作为基本功是我们党的独特政治优势和优良传统，是我们党解决当前党内现实问题的现实需要，是中国特色社会主义进入新时代的新要求。新时代，面对国内艰巨繁重的改革发展稳定任务，领导干部要不断提高运用调查研究谋划工作、狠抓落实、解决实际问题的能力，练好、用好调查研究这个“看家本领”。然而，深入调查研究是科学决策的前提和基础。一个正确的决策有时产生的效益是无可估量的，而正确的决策来源于深入细致的调查研究，来源于准确的分析判断和认真的比较选择。这样作出的决策才能实现科学

化。调查研究是领导工作的开端，是领导干部的一项基本功。只有深入调查研究，才能了解事实真相，寻求解决问题的办法。

“纸上得来终觉浅，绝知此事要躬行。”调查研究是我们党的传家宝，是做好各项工作的基本功，是科学决策的必要前提。有些领导不调查、不研究，对上级指示理解得不深不透，对下面情况若明若暗，以致出现“情况不明决心大，心中无数办法多”的盲目决策；有的领导身到心未到，走马观花摸不到实情，出现轻率拍板的随意决策。这些错误做法无疑会造成极大的危害。领导干部，必须强化调查研究是“谋事之道、成事之基”的意识，在决策中先调查再议事，先知实情，再谋对策。领导干部提高决策能力，首先要坚持实事求是和一切从实际出发的思想方法和工作方法。因为决策活动是人们的一种主观行为，只有主观的决策与客观实际相统一，才能达到预期的效果。实事求是是正确认识世界和改造世界的唯一正确的方法。我们要想作出正确的决策，必须使我们的主观能够正确地反映客观实际及其规律性，使主客观达到一致。这就要求我们从实际出发，通过科学的调查研究，正确认识和掌握客观事物的规律性，并以此为根据制定政策和工作计划，以指导实践活动。领导干部千万不能简单地靠“拍脑袋”决策，也不能不切实际地照搬别人的经验和做法。实践证明，凡是不坚持实事求是、不坚持从实际出发的决策，在实践的效果上，原先的预想、计划几乎都落了空。领导决策的失误，不仅浪费了财力、人力、物力，也极大地挫伤了群众的积极性。这就要求领导干部在决策时一定要慎重行事。

调查研究要讲究方式方法，要坚持先调研后决策的重要决策调研论证制度，对本地区、本部门事关改革发展稳定全局的问题，做到不调研不决策、先调研后决策。像那种不发通知、不打招呼、不听汇报、不用陪同接待、直奔基层、直插现场的方式，随机走访调研的方法，才是实实在在的。这样一竿到底的调研，才能从实践和基层中挖到“活鱼”“鲜虾”，掌握实际情况，作出科学决策。具体深入地进行调查研究，至少要“六到”。一是“身到”。马克思主义实践观认为，实践是检验真理的唯一标准。习近平总书记强调：当县委书记一定要跑遍所有的村，当市委书记一定要跑遍所有的乡镇，当省委书记一定要跑遍所有的县市区。要深入做好调查，就必须亲自去实践、了解真实情况、走“原生态”调研之路，身临其境，深入基层、深入实际、深入生活对老百姓的方方面面进行调查，听真话、察民情，掌握第一手资料，做到与事实零距离接触。二是“眼到”。百闻不如一见。下去搞调研，切忌听完就走，不要被基层干部牵着鼻子走，要深入一些没有准备的地方去了解实情，看到问题记在心里。三是“耳到”。要善于听取各方面的情况，既要听群众的顺耳话，也要听群众的逆耳言，更要特别重视反面意见，要明白自己想听什么，与群众面对面攀谈，要让耳朵灵敏起来，不听阿谀奉承的话，只听实话真话。四是“口到”。毛泽东在《〈农村调查〉的序言和跋》一文中指出：“没有满腔的热忱，没有眼睛向下的决心，没有求知的渴望，没有放下臭架子、甘当小学生的精神，是一定不能做，也一定做不好的。”这要求在调研过程中放下架子，多问老百姓情况，向基层群众虚心请教，既要问好的事情，也要问不好的事情，学会与基层干部促膝长谈。五是“心到”。在调查过程中，要用心观察、用心体会，不能敷衍了事；要对掌握的实情进行客观思考，注重从宏观与微观、横向与纵向、静态与动态等各个角度进行分析。六是“手到”。调查研究结束后，要综合分析情况、整理收集到的资料，发现不清、不实、不准的问题，及时进行补充调查，丰富完善调查资料。

### （四）厘清科学决策的思路，不断提高决策的科学性

党的十八大以来，党和国家事业取得历史性成就、发生历史性变革，其中一条很重要的经验就是坚持问题导向，把解决实际问题作为打开工作局面的突破口。当今世界正经历新一轮大发展大变革大调整，正处于百年未有之大变局，大国战略博弈全面加剧，国际体系和国际秩序深度调整，人类文明发展面临的新机遇新挑战层出不穷，出现更多不稳定性不确定性。2021 年我们将进入“十四五”时期，开启全面建设社会主义现代化国家新征程。新征程新使命，意味着新挑战新要求。愈是向前发展，以后的问题会愈来愈多。所以，在这样的大背景下，科学决

策对于党和国家发展的重要性不言而喻。以小见大，以局部谋全局，党和国家战略背后是由一个个小决策构成的。这就要求广大领导干部在领会、贯彻、落实党中央精神和决策部署的实际工作中，要加强决策的可行性研究，不断提高决策的科学性。

第一，要尊重知识，重视人才，为科学决策提供智力支持。科学决策的核心是科学。坚持科学决策首先要尊重专业意见，当好专业的行家里手。客观地说，领导人个人的知识结构、更新速度、个人阅历、能力等已远远不能适应目前经济和社会形势的变化。科学地讲，领导的责任不是制定决策，而是对决策方案的选择权以及对决策实行的执行权。尊重知识，重视人才，建立适应不同类型决策的智囊团，科学、合理、民主地使用“内脑”和“外脑”，是新时代领导干部的必修课，而不是直接学习具体知识，直接参与决策的制定。要增强综合能力和驾驭能力，学习掌握自己分管领域的专业知识，使自己成为内行领导。同时，要坚持发扬集思广益的优良传统，坚持问题导向、需求导向、发展导向、现实导向，针对现实问题有针对性地提炼可行的解决办法，努力在多重目标中实现动态平衡，实现科学决策的目标。

第二，要发扬民主，集思广益，为科学决策提供思路方法。充分发扬民主，是实施科学决策的重要前提。关于科学决策的领导理论有许多科学决策的具体方法，如专家法、德尔菲法等。但这些方法和理论都指出，在决策过程中，如果决策制定的管理者不采取民主、科学的方法进行组织，这些科学方法往往会失去作用甚至产生错误的决策。有的领导干部民主作风差，把集体领导变成“一言堂”，喜欢“一锤定音”，结果堵塞了言路，导致决策偏差，工作失误。所以，必须发扬民主作风，集思广益，注意采取科学的方法，坚持问题导向、需求导向、发展导向、现实导向。同时，针对现实问题有针对性地提炼可行的解决办法，努力在多重目标中实现动态平衡，实现科学决策的目标。比如，领导干部特别是党委书记或党支部书记，在决策中必须发扬民主作风，具有平等的意识。平等是民主的前提，要把党委成员平等参与决策和履行好职责有机地结合起来，鼓励大家畅所欲言，各抒己见；要有宽广的胸怀，尽可能多听取他人的意见，认真对待异议、歧议，集思广益，博采众长。这样作出的决策才不会出现大的偏差。

第三，要善于决断，敢于负责，为科学决策提供组织保障。“政善治，事善能。”如何正确处理好改革发展进程中不断涌现的新问题新情况，考验检验着各级领导干部的决断力。一项工作，首先要判断其“该不该做”，是不是“马上可行”，如果符合应该做和现在必须做的条件，就要果断下决心，积极主动地创造条件去引导、去争取，进而达成目标。改革发展千头万绪，正所谓矛盾有主次、诉求有缓急，这就要求我们进一步增强决断力，掌握好科学的方法论，把握好发展次序，深谋远虑观大势，立足全局抓大事，善于抓住“牛鼻子”，擒住关键突破口，在牵一发而动全身的关键点上集中发力，努力提高工作的针对性与实效性。如果总是在不同的方案中纠结纠缠、游移不定，就只能在议而不决中观望等待，始终找不到着力的实处，最终延误时机，尽做虚功。现代决策要求领导干部要有高度的责任感和事业心，要有敢担风险、敢负责任的决策素质。决断的依据是什么？就是看制定的政策是否符合党和人民的利益，是否符合客观规律、客观实际，是否符合党的精神、党的事业发展要求。

总之，新时代领导干部在决策过程中，必须在自身素质上努力做到博采众长，戒主观武断；权衡利弊，戒好大喜功；内容明确，戒模棱两可；深思熟虑，戒草率匆忙；善择时机，戒过迟失机；当机立断，随机应变，把握决策前提、内容、过程、结果，确保所作决策的科学性。

## 拓展阅读

### 党委会的工作方法[①]

（一九四九年三月十三日）

一、党委书记要善于当“班长”。党的委员会有一二十个人，像军

① 《毛泽东选集》第4卷，人民出版社1991年版，第1440—1444页。

队的一个班，书记好比是“班长”。要把这个班带好，的确不容易。目前各中央局、分局都领导很大的地区，担负很繁重的任务。领导工作不仅要决定方针政策，还要制定正确的工作方法。有了正确的方针政策，如果在工作方法上疏忽了，还是要发生问题。党委要完成自己的领导任务，就必须依靠党委这“一班人”，充分发挥他们的作用。书记要当好“班长”，就应该很好地学习和研究。书记、副书记如果不注意向自己的“一班人”作宣传工作和组织工作，不善于处理自己和委员之间的关系，不去研究怎样把会议开好，就很难把这“一班人”指挥好。如果这“一班人”动作不整齐，就休想带领千百万人去作战，去建设。当然，书记和委员之间的关系是少数服从多数，这同班长和战士之间的关系是不一样的。这里不过是一个比方。

二、要把问题摆到桌面上来。不仅“班长”要这样做，委员也要这样做。不要在背后议论。有了问题就开会，摆到桌面上来讨论，规定它几条，问题就解决了。有问题而不摆到桌面上来，就会长期不得解决，甚至一拖几年。“班长”和委员还要能互相谅解。书记和委员，中央和各中央局，各中央局和区党委之间的谅解、支援和友谊，比什么都重要。这一点过去大家不注意，七次代表大会以来，在这方面大有进步，友好团结关系大大增进了。今后仍然应该不断注意。

三、“互通情报”。就是说，党委各委员之间要把彼此知道的情况互相通知、互相交流。这对于取得共同的语言是很重要的。有些人不是这样做，而是像老子说的“鸡犬之声相闻，老死不相往来”，结果彼此之间就缺乏共同的语言。我们有些高级干部，在马克思列宁主义的基本理论问题上也有不同的语言，原因是学习还不够。现在党内的语言比较一致了，但是，问题还没有完全解决。例如，在土地改革中，对什么是“中农”和什么是“富农”，就还有不同的了解。

四、不懂得和不了解的东西要问下级，不要轻易表示赞成或反对。有些文件起草出来压下暂时不发，就是因为其中还有些问题没有弄清楚，需要先征求下级的意见。我们切不可强不知以为知，要“不耻下问”，要善于倾听下面干部的意见。先做学生，然后再做先生；先向下面干部请教，然后再下命令。各中央局、各前委处理问题的时候，除军事情况紧急和事情已经弄清楚者外，都应该这样办。这不会影响自己的威信，而只会增加自己的威信。我们做出的决定包括了下面干部提出的正确意见，他们当然拥护。下面干部的话，有正确的，也有不正确的，听了以后要加以分析。对正确的意见，必须听，并且照它做。中央领导之所以正确，主要是由于综合了各地供给的材料、报告和正确的意见。如果各地不来材料，不提意见，中央就很难正确地发号施令。对下面来的错误意见也要听，根本不听是不对的；不过听了而不照它做，并且要给以批评。

五、学会“弹钢琴”。弹钢琴要十个指头都动作，不能有的动，有的不动。但是，十个指头同时都按下去，那也不成调子。要产生好的音乐，十个指头的动作要有节奏，要互相配合。党委要抓紧中心工作，又要围绕中心工作而同时开展其他方面的工作。我们现在管的方面很多，各地、各军、各部门的工作，都要照顾到，不能只注意一部分问题而把别的丢掉。凡是有问题的地方都要点一下，这个方法我们一定要学会。钢琴有人弹得好，有人弹得不好，这两种人弹出来的调子差别很大。党委的同志必须学好“弹钢琴”。

六、要“抓紧”。就是说，党委对主要工作不但一定要“抓”，而且一定要“抓紧”。什么东西只有抓得很紧，毫不放松，才能抓住。抓而不紧，等于不抓。伸着巴掌，当然什么也抓不住。就是把手握起来，但是不握紧，样子像抓，还是抓不住东西。我们有些同志，也抓主要工作，但是抓而不紧，所以工作还是不能做好。不抓不行，抓而不紧也不行。

七、胸中有“数”。这是说，对情况和问题一定要注意到它们的数量方面，要有基本的数量的分析。任何质量都表现为一定的数量，没有数量也就没有质量。我们有许多同志至今不懂得注意事物的数量方面，不懂得注意基本的统计、主要的百分比，不懂得注意决定事物质量的数量界限，一切都是胸中无“数”，结果就不能不犯错误。例如，要进行土地改革，对于地主、富农、中农、贫农各占人口多少，各有多少土地，这些数字就必须了解，才能据以定出正确的政策。对于何谓富裕中农，有多少剥削收入才算富农，否则就算富裕中农，这也必须找出一个数量的界限。在任何群众运动中，群众积极拥护的有多少，反对的有多少，处于中间状态的有多少，这些都必须有个基本的调查，基本的分析，不可无根据地、主观地决定问题。

八、“安民告示”。开会要事先通知，像出安民告示一样，让大家知道要讨论什么问题，解决什么问题，并且早作准备。有些地方开干部会，事前不准备好报告和决议草案，等开会的人到了才临时凑合，好像“兵马已到，粮草未备”，这是不好的。如果没有准备，就不要急于开会。

九、“精兵简政”。讲话、演说、写文章和写决议案，都应当简明扼要。会议也不要开得太长。

十、注意团结那些和自己意见不同的同志一道工作。不论在地方上或部队里，都应该注意这一条。对党外人士也是一样。我们都是从五湖四海汇集拢来的，我们不仅要善于团结和自己意见相同的同志，而且要善于团结和自己意见不同的同志一道工作。我们当中还有犯过很大错误的人，不要嫌这些人，要准备和他们一道工作。

十一、力戒骄傲。这对领导者是一个原则问题，也是保持团结的一个重要条件。就是没有犯过大错误，而且工作有了很大成绩的人，也不要骄傲。禁止给党的领导者祝寿，禁止用党的领导者的名字作地名、街名和企业的名字，保持艰苦奋斗作风，制止歌功颂德现象。

十二、划清两种界限。首先，是革命还是反革命？是延安还是西安？有些人不懂得要划清这种界限。例如，他们反对官僚主义，就把延安说得好似“一无是处”而没有把延安的官僚主义同西安的官僚主义比较一下，区别一下。这就从根本上犯了错误。其次，在革命的队伍中，要划清正确和错误、成绩和缺点的界限，还要弄清它们中间什么是主要的，什么是次要的。例如，成绩究竟是三分还是七分？说少了不行，说多了也不行。一个人的工作，究竟是三分成绩七分错误，还是七分成绩三分错误，必须有个根本的估计。如果是七分成绩，那末就应该对他的工作基本上加以肯定。把成绩为主说成错误为主，那就完全错了。我们看问题一定不要忘记划清这两种界限：革命和反革命的界限，成绩和缺点的界限。记着这两条界限，事情就好办，否则就会把问题的性质弄混淆了。自然，要把界限划好，必须经过细致的研究和分析。我们对于每个人和每一件事，都应该采取分析研究的态度。

我和政治局的同志觉得，要有以上这些方法，才能把党委的工作搞好。除了开好代表大会以外，党的各级委员会把自己的领导工作做好，是极为重要的。我们一定要讲究工作方法，把党委的领导工作提高一步。

# 第四章

# 提高改革攻坚能力，增强干事的“锐气”

随着中国特色社会主义进入新时代，新机遇多，新问题也多。我国如何才能继续走在世界发展的前列，关键在于党的领导，关键在于干部作用的发挥。我国改革开放40多年来的经验证明，改革与攻坚，是对新时代干部的特殊考验。当前，改革已进入攻坚期和深水区，推进改革的敏感程度、复杂程度前所未有。正如2020年10月14日，习近平总书记在深圳经济特区建立40周年庆祝大会上的讲话中所说，改革永远在路上，改革之路无坦途。当前，改革又到了一个新的历史关头，很多都是前所未有的新问题，推进改革的复杂程度、敏感程度、艰巨程度不亚于40年前。因此，必须充分发挥党的独特优势，着力增强各级领导干部改革攻坚的能力，冲破思想观念障碍，发扬“钉钉子”精神，从而攻克一个个改革难题，进而引领和带动广大人民群众拥护、支持改革，积极投身改革。改革攻坚能力，既包括领导干部自身投身于改革攻坚实践的能力，也包括领导干部带领人民群众进行改革攻坚的能力。无论从哪个维度来讲，它都与时代发展息息相关，也与干部个人自身的成长息息相关，因此，必须多管齐下、多方发力进行培养。

## 一、改革永远在路上，改革之路无坦途

习近平总书记2020年10月10日在中央党校（国家行政学院）中

青年干部培训班开班式重要讲话中强调，面向未来，我们要全面推进党和国家各项工作，尤其是贯彻新发展理念、推动高质量发展、构建新发展格局，继续走在时代前列，仍然要以全面深化改革添动力、求突破。他强调，进入新时代，我国改革到了愈进愈难、愈进愈险而又不进则退、非进不可的关键时刻，能否坚定信心、凝聚共识、攻坚克难，确保各项改革举措落地生根，直接决定着改革成败。领导干部是关系改革成败的“关键少数”，因此，必须从提高领导干部改革攻坚能力入手，才能推动党和国家各项工作在全面深化改革中增添动力、寻求突破，也才能确保我们党在时代发展中始终走在时代前列。

### （一）领导干部是关系改革成败的“关键少数”

2015 年 2 月，习近平总书记在省部级主要领导干部学习贯彻十八届四中全会精神全面推进依法治国专题研讨班开班式上特别提出了“关键少数”这一概念。他强调，各级领导干部在推进依法治国方面肩负着重要责任，全面依法治国必须抓住领导干部这个“关键少数”。从此以后，他在多个领域的工作中都强调抓“关键少数”。可以说，抓“关键少数”是习近平治国理政方法论中抓“牛鼻子”的具体体现。据此全面深化改革，也必须抓住领导干部这个“关键少数”。

当前，我们党所推动的全面深化改革，是以习近平同志为核心的党中央着眼党和国家事业发展全局作出的重大部署，是推进国家治理体系和治理能力现代化的一场深刻变革。各级党员干部特别是领导干部这个“关键少数”坚决拥护改革、带头落实改革是确保全面深化改革方案收获实实在在成效的重要保障。全面深化改革是一场“刀刃向内”的自我革命、自我革新，既不是敲敲打打，亦不是修修补补，而是触及利益、触及灵魂的一场涉及方方面面的深刻变革。其意义之重大，不言而喻。自古以来，改革从来不会是轻轻松松、一帆风顺的，因为改革是利益的调整。全面深化改革也不例外。越是这样，越能检验党员干部特别是领导干部这一“关键少数”的政治素质和党性修养。

“龙头怎么甩，龙尾怎么摆。”各级党政主要负责同志是带动所属领域或部门改革事业的龙头，他们的行动、能力、素质关系着改革的进程，也关系着改革的成败，因此，全面深化改革，务必要抓好党员干部特别是领导干部这个“关键少数”。对各级党员干部特别是领导干部来说，要坚定改革信心和决心，增强推进改革的思想自觉和行动自觉，既当改革促进派、又当改革实干家，以“钉钉子”精神抓好改革落实，扭住关键、精准发力，敢啃硬骨头，盯着抓、反复抓，一刻也不放松，确保抓出成效、取得成功。对全面深化改革而言，领导干部如果能充分发挥改革表率作用，识大局、顾大体，并全身心投入改革攻坚事业中去，在改革的关键时刻要站得出来，危急关头要豁得出去，真正做到拥护改革有激情、落实改革有思路、推动改革有韧劲、实现改革有贡献，这样就能真正成为推动改革攻坚的“关键少数”。

### （二）新时代推动党和国家各项工作需要领导干部提高改革攻坚能力

当前，我们党正带领全国各族人民决胜全面建成小康社会，全面建成小康社会实现之后，我们党将乘势而上，开启社会主义现代化国家建设新征程。在这整个历史过程中，我们距离实现中华民族伟大复兴的中国梦的目标越来越近，同时，也是在这个过程中，我们也面临着更加繁重的历史任务，这就需要提高各级领导干部的改革攻坚能力。

第一，实现“十四五”规划需要领导干部提高改革攻坚能力。2020年10月29日，中国共产党第十九届中央委员会第五次全体会议审议通过了《中共中央关于制定国民经济和社会发展第十四个五年规划和二〇三五年远景目标的建议》，提出“十四五”时期经济社会发展主要目标是：经济发展取得新成效，在质量效益明显提升的基础上实现经济持续健康发展，增长潜力充分发挥，国内市场更加强大，经济结构更加优化，创新能力显著提升，产业基础高级化、产业链现代化水平明显提高，农业基础更加稳固，城乡区域发展协调性明显增强，现代化经济体系建设取得重大进展；改革开放迈出新步伐，社会主义市场经济体制更加完善，高标准市场体系基本建成，市场主体更加充满活力，产权制度改革和要素市场化配置改革取得重大进展，公平竞争制度更加健全，更高水平开放型经济新体制基本形成；社会文明程度得到新提高，社会主义核心价值观深入人心，人民思想道德素质、科学文化素质和身心健康素质明显提高，公共文化服务体系和文化产业体系更加健全，人民精神文化生活日益丰富，中华文化影响力进一步提升，中华民族凝聚力进一步增强；生态文明建设实现新进步，国土空间开发保护格局得到优化，生产生活方式绿色转型成效显著，能源资源配置更加合理、利用效率大幅提高，主要污染物排放总量持续减少，生态环境持续改善，生态安全屏障更加牢固，城乡人居环境明显改善；民生福祉达到新水平，实现更加充分更高质量就业，居民收入增长和经济增长基本同步，分配结构明显改善，基本公共服务均等化水平明显提高，全民受教育程度不断提升，多层次社会保障体系更加健全，卫生健康体系更加完善，脱贫攻坚成果巩固拓展，乡村振兴战略全面推进；国家治理效能得到新提升，社会主义民主法治更加健全，社会公平正义进一步彰显，国家行政体系更加完善，政府作用更好发挥，行政效率和公信力显著提升，社会治理特别是基层治理水平明显提高，防范化解重大风险体制机制不断健全，突发公共事件应急能力显著增强，自然灾害防御水平明显提升，发展安全保障更加有力，国防和军队现代化迈出重大步伐。面对这些艰巨任务，党员干部必须有勇气和决心，保持越是艰险越向前的刚健勇毅。

2020 年是决胜全面建成小康社会的收官之年，我们遭遇了新中国成立以来最大规模的疫情，我们党统筹常态化疫情防控和经济社会发展任务，取得了防控疫情的伟大胜利，同时也实现了经济的较快恢复。在接下来的时间里，我们要确保如期完成全面建成小康社会各项任务，必须提高各级领导干部的改革攻坚能力，并且，这个能力的提升，也为今后的工作打下了更坚实的基础。

第二，开启“第二个百年”奋斗目标新征程需要领导干部提高改革攻坚能力。我们党“第二个百年”奋斗目标新征程时间跨度将近 30 年，这 30 年分两个阶段来进行，其中前 15 年的目标是基本实现社会主义现代化，后 15 年的目标是全面建成社会主义现代化强国。这个历史阶段的任务可以说十分繁重，对领导干部各方面能力素质的要求也很高。但是，毋庸置疑的是，这个历史阶段依然需要各级领导干部继续锤炼改革攻坚能力，是全面深化改革的历史阶段，有许多改革的难题需要破解，只有继续锤炼改革攻坚能力，领导干部才能成为中各个领域推动全面深化改革的重要力量。

第三，实现中华民族伟大复兴的中国梦需要领导干部提升改革攻坚能力。党的十八大以来，习近平总书记提出实现中华民族伟大复兴的中国梦，这是中华民族近代以来最伟大的梦想。实现“两个一百年”奋斗目标，实现中国梦，关键要靠改革开放。没有改革开放，就没有中国的今天；离开改革开放，也没有中国的明天。当前，国内外环境都在发生极为广泛而深刻的变化，我国发展面临一系列突出矛盾和挑战，前进道路上还有不少困难和问题。在国际形势复杂多变、国际竞争日趋激烈的情况下继续前行，就如同逆水行舟，不进则退。我们中国共产党人干革命、搞建设、抓改革，从来都是为了解决中国的现实问题。要破解发展中面临的难题、化解来自各方面的风险挑战，推动经济社会持续健康发展，除了深化改革开放，别无他途。这就需要遍布各个领域的具有很强的改革攻坚能力的领导干部来推动工作。我们知道，改革是由问题倒逼而产生，又在不断解决问题中得以深化。只有让具有很强改革攻坚能力的领导干部在解决一个个问题的过程中积累经验，改革才能前进，才能最终实现中华民族的伟大复兴。

## 二、找准着力点，避免眉毛胡子一把抓

新时代，领导干部改革攻坚能力涉及的内容很多，必须找准着力点，避免眉毛胡子一把抓。具体来说，主要有以下几个着力点。

### （一）锻造改革的勇气和攻坚的决心

习近平总书记强调，党政主要负责同志是抓改革的关键，不仅要亲自抓、带头干，还要勇于挑最重的担子、啃最硬的骨头，扑下身子，狠

抓落实。

党的十八大以来，以习近平同志为核心的党中央团结带领全党全国各族人民，全面审视国际国内新的形势，通过总结实践、展望未来，深刻回答了新时代坚持和发展什么样的中国特色社会主义、怎样坚持和发展中国特色社会主义这个重大时代课题，形成了新时代中国特色社会主义思想，坚持统筹推进“五位一体”总体布局、协调推进“四个全面”战略布局，坚持稳中求进工作总基调，对党和国家各方面工作提出一系列新理念新思想新战略，推动党和国家事业发生历史性变革、取得历史性成就，中国特色社会主义进入了新时代。党的十八大后，面临着中国的改革下一步向何处去的问题，以习近平同志为核心的党中央以巨大的政治勇气和智慧，提出全面深化改革总目标是完善和发展中国特色社会主义制度、推进国家治理体系和治理能力现代化，着力增强改革系统性、整体性、协同性，着力抓好重大制度创新，着力提升人民群众获得感、幸福感、安全感，推出多项改革方案，啃下了不少硬骨头，闯过了不少急流险滩，改革呈现全面发力、多点突破、蹄疾步稳、纵深推进的局面。

艰难困苦，玉汝于成。改革开放 40 多年来，从开启新时期到跨入新世纪，从站上新起点到进入新时代，40 多年风雨同舟，40 多年披荆斩棘，40 多年砥砺奋进，我们党引领人民绘就了一幅波澜壮阔、气势恢宏的历史画卷，谱写了一曲感天动地、气壮山河的奋斗赞歌，使改革开放成为当代中国最显著的特征、最壮丽的气象。改革只有进行时，没有休止符。我们必须看到，目前改革全面进入深水区，易解决的问题基本解决，剩下的都是难啃的骨头、烫手的山芋、复杂的矛盾，解决这些深层次问题，需要更多的智慧与诚意，更大的决心、勇气与胆略，更需要各级领导干部锻造改革的勇气和攻坚的决心。

政治路线确定之后，干部就是决定性的因素。在改革开放的路线下，干部只有勇于、敢于、乐于当改革的闯将，才能形成巨大合力，将我们党的改革事业推向前进。为此，干部特别是年轻干部要从以下两个方面努力：

一是锻造改革的勇气。改革就是革新与创新，既前无古人可借鉴，也无现成模式供复制，必须开动脑筋、多谋善断、思新求变、勇闯新路，这就要求领导干部要在状态，有朝气蓬勃的精神面貌、不断进取的奋发斗志，避免墨守成规、拾人牙慧。特别是随着改革的持续推进和持续深入，硬骨头越来越多，困难越来越大。领导干部必须站在改革的一线、最前沿，挺身而出，一马当先，敢负责、敢作为、敢拍板、敢担当、敢碰硬，身体力行，真抓实干，以敢探深渊、敢踏险滩、敢攀险峰的精神与勇力披荆斩棘，一往无前，迎接改革、拥抱改革。绝不能遇到困难绕道走，看到危险就退缩。

二是锻造攻坚的决心。对于领导干部来说，锻造攻坚的决心，就是要在改革中遇到困难和问题需要攻坚的时候，以勇往直前的昂扬之气和舍我其谁的无敌斗志去冲锋陷阵。领导干部既要善做运筹帷幄的将军，也要敢当赴汤蹈火的冲锋士兵，带头参与改革，积极投身改革，带领人民群众涌入改革的潮流，不断攻克改革中的一个个难题，不断啃下改革中的一个个硬骨头，如此，才能产生和释放“其身正，不令而行”的正能量及效果，才能创造“天翻地覆慨而慷”的改革伟业。

### （二）把干事热情和科学精神结合起来

改革攻坚是一项既需要勇气也需要方法的工作，因此，领导干部培养改革攻坚能力，其中重要的一项就是把领导干部干事的热情和科学精神结合起来。具体体现在以下几个方面。

第一，领导干部满怀干事创业的热情，是做好一切工作的前提。党的十八大闭幕后，习近平总书记在新一届中央政治局常委与中外记者见面时，突出强调了“对民族的责任、对人民的责任和对党的责任”，给全党同志传递的是对人民满怀深厚感情的宗旨意识，对党的事业高度负责的责任意识。领导干部充满干事创业的热情如何，本质上是对民族、对人民、对党的责任心够不够的问题。如果一个领导干部，对民族、人民和党抱有极强的责任心，对党和国家的事业抱有极高的热忱，一定会满怀干事创业的激情。这种激情不会因为年龄的增长而衰退，也不会因为个人境遇的改变而有所改变。领导干部因为自身肩负的职责，在各个领域承担着大大小小的任务，这些任务关系改革发展，关系人民福祉，从这个角度来说，只有用热情才能推动工作发展，只有用热情才能实现攻坚克难。在这个过程中，有一个把责任转化为热情和动力的过程，其关键在于领导干部从内心明确自己的责任并在工作中找准路径，将这种责任化为工作内容。

第二，领导干部秉持干事创业的科学精神，是做好一切工作的保障。实事求是，坚持一切从实际出发，是中国共产党人世界观、方法论的基石。然而，实事求是这个可贵精神和政治品格，在一些党员干部身上正在逐渐退化，有的甚至已经丢失。现实中，诸如鸵鸟心态、形式主义、弄虚作假、故步自封等各种影响改革深入推进的“拦路石”不容小觑，说到底还是违背了实事求是的科学精神。中国特色社会主义事业越前进、越发展，新情况新问题就越多，面临的风险和挑战就越多，这就需要以实事求是的态度对待马克思主义经典理论，始终坚持实践是检验真理的唯一标准。掌握和运用好实事求是这个马克思主义的精髓和灵魂，就要求领导干部树立科学的精神，在平时的学习和工作中多观察多思考，多学习现代科学文化知识，多掌握现代信息传播手段和现代施政理念，运用科学决策的方法，坚持科学决策的习惯，这样不仅能够起到事半功倍的效果，而且能够使各项决策和各方面工作都符合实际情况、符合客观规律、符合人民意愿。

第三，领导干部把干事热情和科学精神结合起来，是做好一切工作的根本。对一个领导干部来说，光有干事的热情或者仅有科学精神是不够的，必须把两者结合起来。如果仅有干事的热情而不注重科学的精神，在工作中就有可能蛮干，有可能拍脑袋决策，甚至有可能湮没在纷繁复杂的信息里，造成蛮干，从而贻误战机。如果仅有科学精神而不具备干事的热情，那么领导干部在改革攻坚中就可能冲劲不够，在关键时刻关键领域需要拍板的时候瞻前顾后，同样会贻误战机。因此，从全面辩证的角度看，领导干部必须把干事的热情和科学精神结合起来，既要有改革攻坚的激情、热情、闯劲，也要有求实的科学精神，通过现代科学理念和方法推动改革攻坚。

### （三）将把握规律和变革创新结合起来

在把握规律的基础上进行变革创新是中国共产党人工作方法特点的集中体现。领导干部培养改革攻坚的能力，其中的一个重要方面就是将把握规律和变革创新结合起来。

第一，领导干部要善于把握规律。善于把握规律，是我们党近百年来奋斗历程的一个明显特点。从一定意义上说，共产党人就是靠把握规律取得一个又一个胜利的。

在革命战争年代，毛泽东正是把握了战争的规律，从而一次又一次取得了胜利。翻开《毛泽东选集》《中国革命战争的战略问题》《抗日游击战争的战略问题》《论持久战》《新民主主义论》等篇目皆是把握规律的典范。新中国成立之后，毛泽东把对战争规律的把握运用到了对朝鲜战争形势的分析中。针对当时存在的抗美援朝有无胜算的顾虑，毛泽东指出美帝国主义的军队有“一长三短”：钢铁多，飞机大炮多，是它唯一的优势。但它在世界上的军事基地多，到处树敌，到处布防，兵源不足，是第一短；远隔重洋，是第二短；是为侵略而战，师出无名，士气十分低落，是它的致命伤。虽有一长，不能敌这三短。我们则为抗美援朝而战，为保家卫国而战，士气高，兵源又足。我们并不希望速战速决，我们要进行持久战，一步一步消灭它的有生力量，使它每天都有伤亡。它一天不撤退，我们就打它一天，一年不撤退，就打它一年，十年不撤退，就打它十年。这样一来，它就伤亡多，受不了。到那时，它就只好心甘情愿进行和平解决。只要它愿意和平解决，我们就可结束战争。事实证明，毛泽东这一战略分析是极为深刻、完全正确的。

第二，领导干部要善于变革创新。创新是一个民族进步的灵魂，是一个国家兴旺发达的不竭动力，也是一个政党永葆生机的源泉。

在当前国际发展竞争日趋激烈的形势下，领导干部在工作中遇到更多新情况、新问题，必须提高创新能力。要善于用时代的眼光和发展的观点分析、思考问题，探索新路子，融入自己的创新智慧，不断提高创新水平，不断提高自身素质，为社会主义建设作出自己的贡献，凝聚干事创业的强大力量。

第三，领导干部要善于将把握规律和变革创新结合起来。把握规律和变革创新是不可分割的，在实践中一旦将两者分割开来，必然要犯这样那样的错误。我们共产党人是历史唯物主义者，唯物辩证法是我们认识世界的有力思想武器。按照唯物辩证法，我们是两点论和重点论的统一论者，必须善于将把握规律和变革创新结合起来。

变革创新不是标新立异，也不是漫无目的地另起炉灶，而是在充分把握了规律的基础上进行的符合规律的创新。否则，会给党和国家事业带来巨大损害。因此，领导干部要充分认识事物发展规律，在此基础上进行创新才有利于推动事业的发展。另外，对于党的各级领导干部来说，把握规律就是为了变革创新。如果不以此为目标，就失去了把握规律的意义。

但是，我们万万不可将把握规律和变革创新割裂开来，两者是辩证统一的关系。只有在实践中恰到好处地把握两者之间的关系，才能推动工作良性发展。既能够在把握时机的时候抓住机遇进行创新，又能够在创新中进一步深化对事物规律的认识。

## 三、深入把握改革的规律和特点，系统谋划科学路径和有效方法

改革攻坚能力是一项系统工程，在新时代，将其放到推动党和国家事业发展的实践中去，必须坚持以下基本原则。

### （一）领导干部提高改革攻坚能力要有正确的方法

改革攻坚是一场深刻的社会革命，是一项复杂的系统工程，必须坚持正确方法。领导干部提高改革攻坚能力，同样必须深入把握改革的规律和特点，系统谋划科学路径和有效方法，从而形成丰富、全面、系统的方法论。

第一，领导干部提高改革攻坚能力要坚持以人民为中心。以人民为中心，既是发展思想，也是我们党的执政理念、各级政府的行政理念。它是贯穿习近平新时代中国特色社会主义思想的一条根本原则，也是党员领导干部的必备情怀。以人民为中心，作为根本原则，是一种外在约束；作为必备情怀，是一种内在自觉。原则只有转化为情怀，外在要求只有转化为内在自觉，才能得到贯彻和落实。强调以人民为中心是一种情怀，就是强调，每一个党员干部要做好这种内化工作。如果党员干部把以人民为中心的要求变成自己的自觉情怀，党员干部的思想和行为就会发生巨大变化。我们知道，人民群众是全面深化改革的实践主体，改革开放在认识和实践上的每一次突破和发展，改革开放中每一个新生事物的产生和发展，改革开放每一个方面经验的创造和积累，无不来自亿万人民的实践和智慧；人民群众也是全面深化改革的评价主体，改革方向对不对，改革措施准不准，改革成效好不好，人民群众最有发言权；人民群众还是全面深化改革的目标主体，全面深化改革的各个阶段、全部过程，都必须体现人民立场，必须从人民群众的根本利益出发谋划改革、推进改革，使改革发展成果更多更公平惠及全体人民，让改革发展的过程成为为民造福的过程，成为创造美好生活的过程。因此，提高领导干部的改革攻坚能力，也必须坚持以人民为中心，只有围绕人民的所思所想所盼来提高改革攻坚能力，领导干部的改革攻坚能力才算找准了立场和方向。之所以这样说是因为，领导干部只有确保奋斗目标奔人民而去，手中权力为人民所用，根本利益为人民所谋，心中位置数人民最高，工作好坏依人民而定，才能真正理顺人民和领导干部的关系，才能真正让自身改革攻坚能力的培养不至于偏离方向。

第二，领导干部提高改革攻坚能力要以问题为导向。问题是时代的口号，是改革的先声，改革由问题倒逼而产生。问题即矛盾，躲不过绕不开。不存在无矛盾的社会，不存在无问题的国家。面对各式各样的问题，我们要坚持具体问题具体分析，善于从个性问题中寻找共性问题，善于从普遍性问题中抓住其特性，善于从杂乱的问题中把握要害问题，善于从问题的趋向中洞悉问题的转变。而在推进中华民族伟大复兴的历史进程中，正是问题的存在才使得我们进行改革，因为问题是改革的导向，改革源于问题，改革的目的是为了解决问题。习近平总书记指出：“要有强烈的问题意识，以重大问题为导向，抓住关键问题进一步研究思考，着力推动解决我国发展面临的一系列突出矛盾和问题。我们中国共产党人干革命、搞建设、抓改革，从来都是为了解决中国的现实问题。”[①] 领导干部改革攻坚能力的提升，从方法论上来讲，也是要坚持问题导向，这里面包含两个层面的内容：一是领导干部改革攻坚能力的提升，必须放到他们自身解决改革中遇到的各种问题的实践中去提升；二是领导干部必须瞄准自身改革攻坚能力中还存在的问题去精准提升自己的能力。只有从这两个方面精准把握问题，领导干部改革攻坚能力的提升才不会无的放矢。

第三，领导干部提高改革攻坚能力要加强顶层设计。顶层设计是我们党谋划改革的重要方法。改革攻坚本身就是一个顶层设计和问计于民相统一的过程。领导干部改革攻坚能力的提升同样是一项复杂的系统工程，需要加强顶层设计和整体谋划。比如说，要明确改革攻坚能力到底包含哪些内容，具体包含哪几项能力，这些能力的提升需要在什么样的条件下才能实现，要实现这些能力的提升需要做哪方面的努力和历练，等等，这些都是我们需要在提高领导干部的改革攻坚能力中明确的问题。只有明确了这些问题，加强顶层设计，提高领导干部的改革攻坚能力这项系统工程才能得以有序推进，才不至于眉毛胡子一把抓，不至于东一榔头西一棒子地毫无章法。

第四，领导干部提高改革攻坚能力要勇于创新。干部能力的提升不是一个空喊口号就可以实现的事情，必须在实践中去锻炼去提升。除了主观上主动创新之外，组织必须为领导干部改革攻坚能力的提升提供一定的空间，要鼓励领导干部去大胆创新。习近平总书记强调：“中央通过的改革方案落地生根，必须鼓励和允许不同地方进行差别化探索。全

① 《中国共产党第十八届中央委员会第三次全体会议文件汇编》，人民出版社2013年版，第90页。

面深化改革任务越重，越要重视基层探索实践。要把鼓励基层改革创新、大胆探索作为抓改革落地的重要方法，坚持问题导向，着力解决好改革方案同实际相结合的问题、利益调整中的阻力问题、推动改革落实的责任担当问题，把改革落准落细落实，使改革更加精准地对接发展所需、基层所盼、民心所向，更好造福群众。”[①] 其实，轰轰烈烈的全面深化改革的实践已经为领导干部的实践创新提供了广阔舞台，领导干部要主动投身于改革实践，努力在实践中创新，更好地推动改革向前发展，推动实践向前发展，进而在这样的实践锻炼中提升自身的创新能力。

第五，领导干部提高改革攻坚能力要坚持两点论和重点论的统一。两点论就是在认识复杂事物的发展过程时，既要看到主要矛盾，又要看到次要矛盾；在认识某一矛盾时，既要看到矛盾的主要方面，又要看到矛盾的次要方面。所谓重点论，就是在认识和解决矛盾时，要善于抓住主要矛盾和矛盾的主要方面，不能主次不分。坚持两点论和重点论的统一是中国共产党人“哲学头脑”的集中体现。“带着哲学头脑下去”，是毛泽东对即将赴困难地区调研的身边人的郑重嘱咐。提高领导干部的改革攻坚能力是一项系统工程，涉及方方面面。处理好组织培养与个人努力、把握规律与善于创新、问题导向与底线思维、顶层设计与基层实践等若干重大关系，同样需要“哲学头脑”，要讲两点论，依照辩证法办事。因此，从党的组织部门到领导干部个人，都要注重把握自身角色应该发挥的作用，切实坚持两点论，防止在领导干部改革攻坚能力提升这项系统工程中出现“单打一”的现象。所谓重点论，就是在认识和解决矛盾时，要善于抓住主要矛盾和矛盾的主要方面，不能主次不分。可以说，在一定的时期，领导干部改革攻坚能力的提升，是有重点的，必须在一定的时期抓住中心、抓住重点努力培养，分清主流支流，分清轻重缓急，防止眉毛胡子一把抓。坚持两点论和重点论的统一，就要对领导

---

① 《鼓励基层改革创新大胆探索 推动改革落地生根造福群众》，《人民日报》2015 年 10 月 14 日。

干部改革攻坚能力这个系统工程作出系统安排，使这个能力的培养最终成为领导干部能力培养的一个重要方面，使其成为一个内涵丰富的系统工程。

第六，领导干部提高改革攻坚能力重在抓落实。记得有这样一个故事：某企业经营不善，濒临破产。无奈，请来一位德国人管理。企业员工翘首盼望着德国人能带来令人耳目一新的管理办法，将企业从危机中拯救出来。但出乎意料的是，这位德国人来了之后，却什么都没有改变。制度没变，人员没变，机器设备没变。他只有一个要求，就是把先前制定的制度坚定不移地贯彻落实下去。结果，不到一年，企业就扭亏为盈。德国人的绝招是什么？落实，不折不扣地贯彻落实。落实是一切改革工作的归宿，是所有改革成败的关键。干工作最忌讳不抓落实，群众最讨厌只说不干。习近平总书记指出：“制定出一个好文件，只是万里长征走完了第一步，关键还在于落实文件。”[①] 在我们党的任何工作中，都应该贯彻“一分部署，九分落实”的理念，这是对马克思主义实践品格的最好阐释。而且，这种落实不能是轻飘飘的、敷衍式的落实，必须是发扬了“钉钉子”精神的实打实的落实。不付诸行动，不狠抓落实，再好的蓝图也只是一纸空文。抓好落实，就要崇尚实干、力戒空谈，把马上就办、办就办好作为准则，把夙兴夜寐、激情工作作为常态，以“真抓”的作风、“会抓”的本领，真干实干苦干巧干，将宏伟蓝图转化为实实在在的工作实践和改革发展成效。对各级党组织和各级领导干部来说，要做干在实处、走在前列的实干家。对于提高领导干部改革攻坚能力这项系统工程来说，同样应该抓好落实。改革争在朝夕，落实难在方寸。提高领导干部改革攻坚能力的顶层设计一旦制作出来，就必须聚焦聚神聚力抓落实，抓铁有痕、踏石留印，盯住抓、反复抓，直至抓出成效。同时，在抓落实时要讲究章法，注重节奏。

---

① 《习近平谈治国理政》第1卷，外文出版社2018年版，第106页。

### （二）领导干部提高改革攻坚能力要尊重群众首创精神

马克思主义认为，人民群众是历史的主体，是社会物质财富和精神财富的创造者，是变革和创新社会制度的决定性力量。尊重人民群众的首创精神，是我国改革开放取得巨大成就的重要经验，也是深化改革的重要方法。我们党所从事的一切工作都是为了人民，也必须依靠人民，尊重人民群众的首创精神，发挥人民群众参与深化改革的积极性和创造性。领导干部提高改革攻坚能力也要尊重人民群众的首创精神。

第一，领导干部在参与改革攻坚的过程中要尊重人民群众的首创精神。领导干部的改革攻坚能力必须在轰轰烈烈的实践中才能锻炼出来，因此，对领导干部来说，首先遇到的问题就是在参与改革攻坚的过程中如何处理与人民群众的关系问题。不可否认，有些干部视野开阔、能力出众，在参与改革攻坚的过程中往往能够拿出科学的方案，而且落实工作雷厉风行。但是，我们说，一个领导干部的能力再出众，都不能无视人民群众参与实践的积极性、创造性；一个领导干部的能力再出众，离开了人民群众的支持，最终都将一事无成。群众生活、生产在基层一线，从日常实践中积累了大量的真知灼见，是当之无愧的老师。习近平总书记也说过，在人民面前，我们永远是小学生。所以，领导干部在参与改革攻坚的实践中必须向群众求计问策，切不可嘴上老师喊得亲热，眼里却看不起这些“大老粗”“泥腿子”。《邓小平的治国艺术》一书中记载着这样一则故事：党的十四大前夕，邓小平同志在审阅报告征求意见稿时谈道：“改革开放中许许多多东西，都是由群众在实践中提出来的。报告中讲我的功绩，一定要放在集体范围的，决不是一个人脑筋就可以钻出什么新东西来，是群众的智慧，集体的智慧。”“如农村搞家庭联产承包，这个发明权是农民的。”“我的功劳是把这些新事物概括起来，加以提倡。”短短几句话，生动地体现了邓小平的领导艺术，也体现了邓小平对人民群众首创精神的尊重。

第二，领导干部在锻炼改革攻坚能力的过程中要尊重人民群众的首创精神。领导干部改革攻坚能力的提高是一个锻炼的过程，在这个过程中尊重人民群众的首创精神是指要积极主动向群众学习，并善于向群众学习。2017 年 12 月 25 日至 26 日中共中央政治局召开民主生活会，中共中央总书记习近平主持会议并发表重要讲话时指出，中央政治局的同志要拜人民为师，向人民学习。回顾中国共产党近百年光辉历程，历史反复证明，人民群众中蕴藏着无穷的智慧和力量。习近平总书记号召全党拜人民群众为师，意在告诫广大党员干部：要把党的光荣传统发扬好，切实尊重人民群众首创精神，从人民群众中汲取政治智慧，增强执政本领。人民群众中蕴藏着无穷无尽的力量，领导干部在锻炼改革攻坚能力的过程中，应从哪里使劲，该向何处发力？说到底，还得向智慧的人民请教。群众最可爱，群众最可亲，群众是最值得敬重的老师。一个领导干部，如果在群众面前背手叉腰、趾高气扬，那群众未必能买他的账。相反，如果领导干部主动放下架子向能者求教，主动俯下身子向智者取经，以谦恭的姿态去拜师学艺，群众才会跟你掏心窝子，给你“开小灶、传真经”。邓小平同志常说，中国特色的社会主义事业是一项前无古人的开创性事业，它不是靠哪一个或哪一些历史人物就能实现的，需要人民群众的积极参与，需要人民群众的首创精神。乡镇企业在发展过程中曾遭到种种非议、责难，有人认为其“与国有企业争原料、争资金、争市场”，主张将其关停。对于中国农民的这一伟大创举，邓小平同志以敏锐的目光，看到乡镇企业强大的生命力，及时予以支持、肯定：“农村改革中，我们完全没有预料到的最大收获，就是乡镇企业发展起来了，突然冒出搞多种行业，搞商品经济，搞各种小型企业，异军突起。这不是我们中央的功绩。”“这是我个人没有预料到的，许多同志也没有预料到，是突然冒出这样一个效果。”① 因为有邓小平作坚强后盾，乡镇企业才会在市场经济的惊涛骇浪中不断成长壮大，成为我国国民经济的重要支柱。人民群众作为实践主体，具有丰富的经验和智慧。领导干部改革攻坚能力的锻炼和提高，必须眼睛向下看、身子往下沉，带着求知渴望问政于民、问需于民、问策于民，在接地气中寻求解决问

① 《邓小平文选》第 3 卷，人民出版社 1993 年版，第 238 页。

题的办法，这样才能切切实实地使自己的改革攻坚能力得到提高。

### （三）领导干部提高改革攻坚能力要注重增强系统性、整体性、协同性

2017年6月26日，习近平总书记在中央全面深化改革领导小组第三十六次会议上讲话指出：“注重系统性、整体性、协同性是全面深化改革的内在要求，也是推进改革的重要方法。改革越深入，越要注意协同，既抓改革方案协同，也抓改革落实协同，更抓改革效果协同，促进各项改革举措在政策取向上相互配合、在实施过程中相互促进、在改革成效上相得益彰，朝着全面深化改革总目标聚焦发力。”[①]

党的十九大把“着力增强改革系统性、整体性、协同性”作为全面深化改革取得重大突破的一项重要经验，把“更加注重改革的系统性、整体性、协同性”写入党章。可以说，注重增强系统性、整体性、协同性是我们党长期以来坚持的思维方式，也是唯物辩证法的集中体现。领导干部提高改革攻坚能力是一项复杂的系统工程，这其中包含着不同的子系统，每个子系统处于不同地位，具有不同功能。可以说，领导干部的改革攻坚能力涉及面广，涉及程度深，而且这种能力的培养是一个久久为功的过程，因此在推进的过程中，必须注重增强系统性、整体性、协同性。

在广度上，领导干部改革攻坚能力所涉及的内容大大拓展。领导干部改革攻坚能力的提高，涉及的不是某一个方面能力的提高，也不是仅仅几个方面素质的提高，而是一个全方位的能力素质提升。改革攻坚能力内涵的丰富性决定了其提高必须系统联动、整体配合、协同一致。比如，宽广视野的培养、科学文化素质的提升、稳中求进气质的养成、百折不挠韧劲的培养、雷厉风行作风的涵养，等等。这看似都是能力素质中的一个方面，但是每一项能力素质的提升都必须全面考量，与其他素

---

① 《抓好各项改革协同发挥改革整体效应 朝着全面深化改革总目标聚焦发力》，《人民日报》2017年6月27日。

质的培养提升全面考量、协同推进，不能畸轻畸重，也不能单兵突进，因为仅仅靠某一两个方面素质的培养和提升，对提高领导干部的改革攻坚能力是欠缺的，因此，必须进行整体谋划，首先做到广度上全覆盖。

在深度上，领导干部改革攻坚能力所涉及的各项具体能力和素质要求大大提高。今天，随着改革已经进入攻坚期和深水区，改革从目标到结果都大大深化了，必须统筹谋划和协同推进。习近平总书记强调，改革越深入，越要注意协同，既抓改革方案协同，也抓改革落实协同，更抓改革效果协同，促进各项改革举措在政策取向上相互配合、在实施过程中相互促进、在改革成效上相得益彰。领导干部改革攻坚能力的提高与今天我们所从事的改革工作是息息相关的，随着改革从目标到结果的大大深入，领导干部改革攻坚能力所涉及的各项具体能力和素质也必然是大大深入的，因此，提高领导干部改革攻坚能力，已经不仅仅停留在学习文件的层面，或者仅仅是停留在基层“镀金”的层面，而是必须切切实实通过这样的提升，开阔领导干部的改革视野，提升其科学文化素质，培养其稳中求进的气质、百折不挠的韧劲、雷厉风行的作风等。

在难度上，因为领导干部改革攻坚能力的要求提高，其难度也大大提升。今天，全面深化改革的复杂程度、敏感程度、艰巨程度一点都不亚于 40 年前。习近平总书记指出：“中国改革经过 30 多年，已进入深水区，可以说，容易的、皆大欢喜的改革已经完成了，好吃的肉都吃掉了，剩下的都是难啃的硬骨头。这就要求我们胆子要大、步子要稳。胆子要大，就是改革再难也要向前推进，敢于担当，敢于啃硬骨头，敢于涉险滩。步子要稳，就是方向一定要准，行驶一定要稳，尤其是不能犯颠覆性错误。”① 进入攻坚期和深水区，改革是突破利益固化藩篱的深层次改革，是触动利益和灵魂的高难度改革，是根治顽瘴痼疾和体制机制弊端的深层次变革，这对领导干部改革攻坚能力的要求大大提升。因此，今天，要培养出一个能够从容应对全面深化改革中各种问题的领导干部，其难度也比 40 年前大大提高，这是因为今天的改革任务要求已

① 《习近平谈治国理政》，外文出版社 2014 年版，第 101 页。

经远非改革开放初期所能比，因此，今天干部改革攻坚能力的提升，必须权衡各方、系统谋划、协同推进，才能取得较好效果。

总之，建设伟大工程、推进伟大事业、实现伟大梦想，除了需要贴合实际贴合国情贴合群众的宏伟蓝图，更需要领导干部的行动。年轻干部要在中国特色社会主义的伟大实践中不断提高改革攻坚能力，保持越是艰险越向前的刚健勇毅，把干事热情和科学精神结合起来，使出台的各项改革举措符合客观规律、符合工作需要、符合群众利益，为实现奋斗目标打下坚实的基础。

## 拓展阅读

### 在深圳经济特区建立40周年庆祝大会上的讲话[①]

女士们，先生们，同志们：

今天，我们在这里隆重集会，庆祝深圳等经济特区建立40周年，总结经济特区建设经验，在更高起点上推进改革开放，动员全党全国全社会为乘势而上开启全面建设社会主义现代化国家新征程、向第二个百年奋斗目标进军而团结奋进。

兴办经济特区，是党和国家为推进改革开放和社会主义现代化建设进行的伟大创举。1978年12月，党的十一届三中全会作出把党和国家工作中心转移到经济建设上来、实行改革开放的历史性决策，动员全党全国各族人民为社会主义现代化建设进行新的长征。1979年4月，广东省委负责人向中央领导同志提出兴办出口加工区、推进改革开放的建议。邓小平同志明确指出，还是叫特区好，中央可以给些政策，你们自己去搞，杀出一条血路来。同年7月，党中央、国务院批准广东、福建两省实行“特殊政策、灵活措施、先行一步”，并试办出口特区。1980年8月党和国家批准在深圳、珠海、汕头、厦门设置经济特区，1988

① 习近平：《在深圳经济特区建立40周年庆祝大会上的讲话（2020年10月14日）》，《人民日报》2020年10月15日。

年 4 月又批准建立海南经济特区，明确要求发挥经济特区对全国改革开放和社会主义现代化建设的重要窗口和示范带动作用。

长期以来，在党中央坚强领导和全国大力支持下，各经济特区解放思想、改革创新，勇担使命、砥砺奋进，在建设中国特色社会主义伟大进程中谱写了勇立潮头、开拓进取的壮丽篇章，为全国改革开放和社会主义现代化建设作出了重大贡献。

女士们、先生们、同志们！

广东是改革开放的排头兵、先行地、实验区，是建立经济特区时间最早、数量最多的省份。深圳是改革开放后党和人民一手缔造的崭新城市，是中国特色社会主义在一张白纸上的精彩演绎。深圳广大干部群众披荆斩棘、埋头苦干，用 40 年时间走过了国外一些国际化大都市上百年走完的历程。这是中国人民创造的世界发展史上的一个奇迹。

——40 年来，深圳奋力解放和发展社会生产力，大力推进科技创新，地区生产总值从 1980 年的 2.7 亿元增至 2019 年的 2.7 万亿元，年均增长 20.7%，经济总量位居亚洲城市第五位，财政收入从不足 1 亿元增加到 9424 亿元，实现了由一座落后的边陲小镇到具有全球影响力的国际化大都市的历史性跨越。

——40 年来，深圳坚持解放思想、与时俱进，率先进行市场取向的经济体制改革，首创 1000 多项改革举措，奏响了实干兴邦的时代强音，实现了由经济体制改革到全面深化改革的历史性跨越。

——40 年来，深圳坚持实行“引进来”和“走出去”，积极利用国际国内两个市场、两种资源，积极吸引全球投资，外贸进出口总额由 1980 年的 0.18 亿美元跃升至 2019 年的 4315 亿美元，年均增长 26.1%，实现了由进出口贸易为主到全方位高水平对外开放的历史性跨越。

——40 年来，深圳坚持发展社会主义民主政治，尊重人民主体地位，加强社会主义精神文明建设，积极培育和践行社会主义核心价值观，实现了由经济开发到统筹社会主义物质文明、政治文明、精神文明、社会文明、生态文明发展的历史性跨越。

——40 年来，深圳坚持以人民为中心，人民生活水平大幅提高，教育、医疗、住房等实现翻天覆地的变化，2019 年居民人均可支配收入 6.25 万元，比 1985 年增长 31.6 倍；率先完成全面建成小康社会的目标，实现了由解决温饱到高质量全面小康的历史性跨越。

40 年春风化雨，40 年春华秋实。当年的蛇口开山炮声犹然在耳，如今的深圳经济特区生机勃勃，向世界展示了我国改革开放的磅礴伟力，展示了中国特色社会主义的光明前景。

看似寻常最奇崛，成如容易却艰辛。深圳等经济特区一路走来，每一步都不是轻而易举的，每一步都付出了艰辛努力。深圳等经济特区改革发展事业取得的成就，是党中央坚强领导的结果，是广大干部群众开拓进取的结果，是全国人民和四面八方广泛支持的结果。在这里，我代表党中央、国务院和中央军委，向经济特区广大建设者，向所有为经济特区建设作出贡献的同志们，致以诚挚的问候！向各位来宾，向关心和支持经济特区建设的国内外各界人士，表示衷心的感谢！

女士们、先生们、同志们！

深圳等经济特区的成功实践充分证明，党中央关于兴办经济特区的战略决策是完全正确的。经济特区不仅要继续办下去，而且要办得更好、办得水平更高。

深圳等经济特区 40 年改革开放实践，创造了伟大奇迹，积累了宝贵经验，深化了我们对中国特色社会主义经济特区建设规律的认识。一是必须坚持党对经济特区建设的领导，始终保持经济特区建设正确方向。二是必须坚持和完善中国特色社会主义制度，通过改革实践推动中国特色社会主义制度更加成熟更加定型。三是必须坚持发展是硬道理，坚持敢闯敢试、敢为人先，以思想破冰引领改革突围。四是必须坚持全方位对外开放，不断提高“引进来”的吸引力和“走出去”的竞争力。五是必须坚持创新是第一动力，在全球科技革命和产业变革中赢得主动权。六是必须坚持以人民为中心的发展思想，让改革发展成果更多更公平惠及人民群众。七是必须坚持科学立法、严格执法、公正司法、全民守法，使法治成为经济特区发展的重要保障。八是必须践行绿水青山就是金山银山的理念，实现经济社会和生态环境全面协调可持续发展。九是必须全面准确贯彻“一国两制”基本方针，促进内地与香港、澳门融合发展、相互促进。十是必须坚持在全国一盘棋中更好发挥经济特区辐射带动作用，为全国发展作出贡献。

以上十条，是经济特区40年改革开放、创新发展积累的宝贵经验，对新时代经济特区建设具有重要指导意义，必须倍加珍惜、长期坚持，在实践中不断丰富和发展。

女士们、先生们、同志们！

当今世界正经历百年未有之大变局，新冠肺炎疫情全球大流行使这个大变局加速演进，经济全球化遭遇逆流，保护主义、单边主义上升，世界经济低迷，国际贸易和投资大幅萎缩，国际经济、科技、文化、安全、政治等格局都在发生深刻调整，世界进入动荡变革期。

我国正处于实现中华民族伟大复兴的关键时期，经济已由高速增长阶段转向高质量发展阶段。我国社会主要矛盾发生变化，人民对美好生活的要求不断提高，经济长期向好，市场空间广阔，发展韧性强大，正在形成以国内大循环为主体、国内国际双循环相互促进的新发展格局。同时，我国经济正处在转变发展方式、优化经济结构、转换增长动力的攻关期，实现高质量发展还有许多短板弱项，经济特区发展也面临着一些困难和挑战。

新形势需要新担当、呼唤新作为。新时代经济特区建设要高举中国特色社会主义伟大旗帜，统筹推进“五位一体”总体布局，协调推进“四个全面”战略布局，从我国进入新发展阶段大局出发，落实新发展理念，紧扣推动高质量发展、构建新发展格局，以一往无前的奋斗姿态、风雨无阻的精神状态，改革不停顿，开放不止步，在更高起点上推进改革开放，推动经济特区工作开创新局面，为全面建设社会主义现代化国家、实现第二个百年奋斗目标作出新的更大的贡献。

党中央对深圳改革开放、创新发展寄予厚望。去年8月，党中央出台了支持深圳建设中国特色社会主义先行示范区的意见，全面部署了有关工作。深圳要建设好中国特色社会主义先行示范区，创建社会主义现代化强国的城市范例，提高贯彻落实新发展理念能力和水平，形成全面深化改革、全面扩大开放新格局，推进粤港澳大湾区建设，丰富“一国两制”事业发展新实践，率先实现社会主义现代化。这是新时代党中央赋予深圳的历史使命。

第一，坚定不移贯彻新发展理念。广东、深圳经济发展水平较高，面临的资源要素约束更紧，受到来自国际的技术、人才等领域竞争压力更大，落实新发展理念、推动高质量发展是根本出路。要坚持发展是第一要务、人才是第一资源、创新是第一动力，率先推动质量变革、效率变革、动力变革，努力实现更高质量、更有效率、更加公平、更可持续、更为安全的发展。

要坚持供给侧结构性改革这条主线，使生产、分配、流通、消费更多依托国内市场，提升供给体系对国内需求的适配性，以高质量供给满足日益升级的国内市场需求。要坚定不移实施创新驱动发展战略，培育新动能，提升新势能，建设具有全球影响力的科技和产业创新高地。要围绕产业链部署创新链、围绕创新链布局产业链，前瞻布局战略性新兴产业，培育发展未来产业，发展数字经济。要加大基础研究和应用基础研究投入力度，发挥深圳产学研深度融合优势，主动融入全球创新网络。要对标国际一流水平，大力发展金融、研发、设计、会计、法律、会展等现代服务业，提升服务业发展能级和竞争力。要实施更加开放的人才政策，引进培养一批具有国际水平的战略科技人才、科技领军人才、青年科技人才和高水平创新团队，聚天下英才而用之。

第二，与时俱进全面深化改革。改革永远在路上，改革之路无坦途。当前，改革又到了一个新的历史关头，很多都是前所未有的新问题，推进改革的复杂程度、敏感程度、艰巨程度不亚于40年前，必须以更大的政治勇气和智慧，坚持摸着石头过河和加强顶层设计相结合，不失时机、蹄疾步稳深化重要领域和关键环节改革，更加注重改革的系统性、整体性、协同性，提高改革综合效能。

党中央经过深入研究，决定以经济特区建立40周年为契机，支持深圳实施综合改革试点，以清单批量授权方式赋予深圳在重要领域和关键环节改革上更多自主权，一揽子推出27条改革举措和40条首批授权事项。深圳经济特区要扛起责任，牢牢把握正确方向，解放思想、守正创新，努力在重要领域推出一批重大改革措施，形成一批可复制可推广的重大制度创新成果。要着眼于解决高质量发展中遇到的实际问题，着眼于建设更高水平的社会主义市场经济体制需要，多策划战略战役性改革，多推动创造型、引领型改革，在完善要素市场化配置体制机制、创新链产业链融合发展体制机制、市场化法治化国际化营商环境、高水平开放型经济体制、民生服务供给体制、生态环境和城市空间治理体制等重点领域先行先试。要优化政府管理和服务，全面推行权力清单、责任清单、负面清单制度，加快构建亲清政商关系。要进一步激发和弘扬企业家精神，依法保护企业家合法权益，依法保护产权和知识产权，激励企业家干事创业。

第三，锐意开拓全面扩大开放。当前，世界经济面临诸多复杂挑战，我们绝不能被逆风和回头浪所阻，要站在历史正确的一边，坚定不移全面扩大开放，推动建设开放型世界经济，推动构建人类命运共同体。

新发展格局不是封闭的国内循环，而是开放的国内国际双循环。要优化升级生产、分配、流通、消费体系，深化对内经济联系、增加经济纵深，增强畅通国内大循环和联通国内国际双循环的功能，加快推进规则标准等制度型开放，率先建设更高水平开放型经济新体制。要在内外贸、投融资、财政税务、金融创新、出入境等方面，探索更加灵活的政策体系、更加科学的管理体制，加强同“一带一路”沿线国家和地区开展多层次、多领域的务实合作。越是开放越要重视安全，统筹好发展和安全两件大事，增强自身竞争能力、开放监管能力、风险防控能力。

第四，创新思路推动城市治理体系和治理能力现代化。经过40年高速发展，深圳经济特区城市空间结构、生产方式、组织形态和运行机制发生深刻变革，面临城市治理承压明显、发展空间不足等诸多挑战。要树立全周期管理意识，加快推动城市治理体系和治理能力现代化，努力走出一条符合超大型城市特点和规律的治理新路子。要强化依法治理，善于运用法治思维和法治方式解决城市治理顽症难题，让法治成为社会共识和基本准则。要注重在科学化、精细化、智能化上下功夫，发挥深圳信息产业发展优势，推动城市管理手段、管理模式、管理理念创新，让城市运转更聪明、更智慧。

第五，真抓实干践行以人民为中心的发展思想。中国共产党根基在人民、血脉在人民。人民对美好生活的向往就是我们的奋斗目标。经济特区改革发展的出发点和落脚点都要聚焦到这个目标上来。

生活过得好不好，人民群众最有发言权。要从人民群众普遍关注、反映强烈、反复出现的问题出发，拿出更多改革创新举措，把就业、教育、医疗、社保、住房、养老、食品安全、生态环境、社会治安等问题一个一个解决好，努力让人民群众的获得感成色更足、幸福感更可持续、安全感更有保障。要尊重人民群众首创精神，不断从人民群众中汲取经济特区发展的创新创造活力。要把提高发展平衡性放在重要位置，不断推动公共资源向基层延伸，构建优质均衡的公共服务体系，建成全覆盖可持续的社会保障体系。要毫不放松抓好常态化疫情防控，认真总结经验教训，举一反三补齐公共卫生短板。

第六，积极作为深入推进粤港澳大湾区建设。粤港澳大湾区建设是国家重大发展战略，深圳是大湾区建设的重要引擎。要抓住粤港澳大湾区建设重大历史机遇，推动三地经济运行的规则衔接、机制对接，加快粤港澳大湾区城际铁路建设，促进人员、货物等各类要素高效便捷流动，提升市场一体化水平。要深化前海深港现代服务业合作区改革开放，规划建设好河套深港科技创新合作区，加快横琴粤澳深度合作区建设。要以大湾区综合性国家科学中心先行启动区建设为抓手，加强与港澳创新资源协同配合。要继续鼓励引导港澳台同胞和海外侨胞充分发挥投资兴业、双向开放的重要作用，在经济特区发展中作出新贡献。要充分运用粤港澳重大合作平台，吸引更多港澳青少年来内地学习、就业、生活，促进粤港澳青少年广泛交往、全面交流、深度交融，增强对祖国的向心力。

中央和国家有关部门要准确把握党中央战略意图，全力支持深圳等经济特区改革发展工作，按照统筹推进“五位一体”总体布局、协调推进“四个全面”战略布局的要求，支持经济特区深化改革开放、开展前瞻性科技创新、发展战略性新兴产业、发展高水平对外开放、加强民主法治建设、加强社会主义精神文明建设、加强民生保障和改善、改革创新社会治理、加强生态文明建设等工作，为新时代经济特区改革发展提供科学指导和有力支持。

女士们、先生们、同志们！

一花独放不是春，百花齐放春满园。我们坚定不移奉行互利共赢的开放战略，既从世界汲取发展动力，也让中国发展更好惠及世界。经济特区建设40年的实践离不开世界各国的共同参与，也为各国创造了广阔的发展空间、分享了发展利益。欢迎世界各国更多地参与中国经济特区的改革开放发展，构建共商共建共享共赢新格局。

女士们、先生们、同志们！

经济特区处于改革开放最前沿，加强党的全面领导和党的建设有着更高要求。要深入贯彻新时代党的建设总要求，以改革创新精神在加强党的全面领导和党的建设方面率先示范，扩大基层党的组织覆盖和工作覆盖。广大党员、干部要坚定理想信念、更新知识观念、掌握过硬本领，自觉站在党和国家大局上想问题、办事情。要建立健全激励机制，推动形成能者上、优者奖、庸者下、劣者汰的正确导向，为改革者负责、为担当者担当，激发党员、干部干事创业的热情和劲头。要持之以恒正风肃纪，坚定不移惩治腐败，坚决反对形式主义、官僚主义，营造风清气正的良好政治生态。

中国特色社会主义是物质文明和精神文明全面发展的社会主义。经济特区要坚持“两手抓、两手都要硬”，在物质文明建设和精神文明建设上都要交出优异答卷。要加强理想信念教育，培育和践行社会主义核心价值观，深化中国特色社会主义和中国梦宣传教育，教育引导广大干部群众特别是青少年坚定中国特色社会主义道路自信、理论自信、制度自信、文化自信。要弘扬以爱国主义为核心的民族精神和以改革创新为核心的时代精神，继续发扬敢闯敢试、敢为人先、埋头苦干的特区精神，激励干部群众勇当新时代的“拓荒牛”。要深入开展群众性精神文明创建活动，广泛开展社会公德、职业道德、家庭美德、个人品德教育，不断提升人民文明素养和社会文明程度。要加强公共文化设施建设，推动文化产业高质量发展，更好满足人民精神文化生活新期待。

女士们、先生们、同志们！

四十载波澜壮阔，新征程催人奋进。经济特区的沧桑巨变是一代又一代特区建设者拼搏奋斗干出来的。在新起点上，经济特区广大干部群众要坚定不移贯彻落实党中央决策部署，永葆“闯”的精神、“创”的劲头、“干”的作风，努力续写更多“春天的故事”，努力创造让世界刮目相看的新的更大奇迹！

# 第五章

# 提高应急处突能力，增强干事的“定气”

2020 年 2 月 23 日，习近平总书记在统筹推进新冠肺炎疫情防控和经济社会发展工作部署会议上发表重要讲话。他引用“沧海横流，方显英雄本色”的诗句，高度赞扬了在这场严峻斗争中，各级党组织和广大党员干部、一线工作者以及众多人民群众冲锋在前、顽强拼搏，众志成城、不畏艰险，为疫情防控作出重大贡献的壮举。的确，“沧海横流，方显英雄本色”。在中国特色社会主义进入新时代的历史背景下，当今世界正经历百年未有之大变局，面对国际国内深刻变迁、严峻复杂的形势，想要实现新时代中国共产党的历史使命，既面临千载难逢的历史机遇，也遭遇前所未有的风险挑战。因而，如何有效应对各类危急事件和突发事件，如何妥善处置这类危急事件和突发事件，不仅关乎能否显示出英雄人物的本来面貌和非凡举动，而且也是对新时代领导干部，尤其是年轻干部执政能力的一个严峻考验。

## 一、实现中华民族的伟大复兴，绝不是轻轻松松、敲锣打鼓就能实现的

习近平总书记反复强调，提高解决实际问题能力是应对当前复杂形势、完成艰巨任务的迫切需要，而提高应急处突能力也是年轻干部成长的必然要求。党的十八大以来，习近平总书记以恢宏的时代视野和高瞻

的战略眼光，对于在新时代增强风险意识、应对风险挑战、加强风险治理等问题作出重要论述，为全党增强积极防范风险、提高应急处突能力提供了科学指南。2020 年 10 月 10 日，他在秋季学期中央党校（国家行政学院）中青年干部培训上发表重要讲话强调，年轻干部要提高应急处突能力。预判风险是防范风险的前提，把握风险走向是谋求战略主动的关键。要增强风险意识，下好先手棋、打好主动仗，做好随时应对各种风险挑战的准备。要努力成为所在工作领域的行家里手，不断提高应急处突的见识和胆识，对可能发生的各种风险挑战，要做到心中有数、分类施策、精准拆弹，有效掌握局势、化解危机。要紧密结合应对风险实践，查找工作和体制机制上的漏洞，及时予以完善。

### （一）居安思危的风险意识

居安思危既是中华民族治国安邦的重要经验，也是增强驾驭风险本领的心理基础。忧患意识是五千年中华文明的重要内容，最早源自人们对未知的畏惧和对天地的敬畏。随着中华民族历史的发展，忧患意识逐渐从自然领域发展到社会领域、政治领域，形成了“安而不忘危，存而不忘亡，治而不忘乱，是以身安而国家可保也”的政治哲学；形成了“人无远虑，必有近忧”“凡事豫则立，不豫则废”的人生思考；形成了“安不忘危，理不忘乱，虽知今日无事，亦须思其始终。常得如此，始是可贵也”的盛世之忧；形成了“忧劳可以兴国，逸豫可以亡身”的从政经验；形成了“前事不忘，后事之师”“以史为镜，可知兴替”的历史警示；形成了“先天下之忧而忧，后天下之乐而乐”的宽广胸怀；形成了“位卑未敢忘忧国”的民族之忧。这些治国安邦的人生智慧和政治智慧，给我们党治国理政以深刻的思想启迪。

成立于民族危难之际的中国共产党始终保持着很强的忧患意识。在全国革命即将取得胜利、中国共产党即将在全国执政的前夕，为了防止党员干部执政后脱离群众、贪污腐败，毛泽东未雨绸缪，及时给全党敲响了警钟。他在党的七届二中全会上提出了“两个务必”，即务必使同志们继续保持谦虚、谨慎、不骄、不躁的作风，务必使同志们继续保持艰苦奋斗的作风。改革开放以来，邓小平认识到改革在促进经济社会发展的同时也带来了极大的风险。他指出：“我们的改革有很大的风险，但很有希望成功。有了这样的信心，才能有恰当的决策。”“我们要把工作的基点放在出现较大的风险上，准备好对策。这样，即使出现了大的风险，天也不会塌下来。”① 鉴于改革过程中党内随之出现新的问题，邓小平明确指出：“这个党该抓了，不抓不行了。”② 在党的十六大上，党中央再次强调全党同志一定要增强忧患意识，居安思危，清醒地看到日趋激烈的国际竞争带来的严峻挑战，清醒地看到前进道路上的困难和风险，要进一步解决提高党的领导水平和执政水平、提高拒腐防变和抵御风险能力这两大历史性课题。随着改革的不断深化，各种矛盾问题层出不穷。党的十七届四中全会强调，全党必须居安思危，增强忧患意识，常怀忧党之心，恪守兴党之责，勇于变革、勇于创新，永不僵化、永不停滞。

新时代，我们党在前进路上面临着许多风险与挑战，必须增强风险意识和忧患意识。党的十八大以来，习近平总书记高度重视党在治国理政中出现的风险和挑战，多次强调全党要增强风险意识和忧患意识。2013 年 1 月 5 日，习近平总书记在新进中央委员会的委员、候补委员学习贯彻党的十八大精神研讨班上的讲话中提出：“我们的事业越前进、越发展，新情况新问题就会越多，面临的风险和挑战就会越多，面对的不可预料的事情就会越多。我们必须增强忧患意识，做到居安思危。”③ 在 2017 年中央政治局民主生活会上，习近平总书记指出：我们党是生于忧患、成长于忧患、壮大于忧患的政党，正是一代代中国共产党人心存忧患、肩扛重担，才团结带领中国人民不断从胜利走向新的胜利。2018 年 1 月 5 日，在新进中央委员会的委员、候补委员和省部级主要领导干部学习贯彻习近平新时代中国特色社会主义思想和党的十九大精神研讨班开班式上，习近平总书记再次强调：“增强忧患意识、防范风

---

① 《邓小平文选》第 3 卷，人民出版社 1993 年版，第 267—268 页。

② 《邓小平文选》第 3 卷，人民出版社 1993 年版，第 314 页。

③ 《习近平谈治国理政》，外文出版社 2014 年版，第 23 页。

险挑战要一以贯之。”[①] 2019 年 1 月 21 日，在省部级主要领导干部坚持底线思维着力防范化解重大风险专题研讨班开班式上的重要讲话中，习近平总书记强调：“要强化风险意识，常观大势、常思大局，科学预见形势发展走势和隐藏其中的风险挑战，做到未雨绸缪。”[②] 2019 年 10 月 28 日，习近平总书记在《中共中央关于坚持和完善中国特色社会主义制度 推进国家治理体系和治理能力现代化若干重大问题的决定》的说明中进一步指出：“当今世界正经历百年未有之大变局，国际形势复杂多变，改革发展稳定、内政外交国防、治党治国治军各方面任务之繁重前所未有，我们面临的风险挑战之严峻前所未有。”[③]

中国共产党作为在中国长期执政的马克思主义政党，团结带领人民历经千难万险、付出巨大牺牲，攻克了一个又一个看似不可攻克的难关，创造了一个又一个彪炳史册的人间奇迹。今天，我们比历史上任何时期都更接近、更有信心和能力实现中华民族伟大复兴的目标。但实现中华民族伟大复兴的征途不可能一帆风顺。面对波谲云诡的国际形势、复杂敏感的周边环境、艰巨繁重的改革发展稳定任务，我们要传承、弘扬中华优秀传统文化，汲取中华民族治国理政的政治智慧和政治经验，不断增强忧患意识，既要有防范风险的先手，也要有应对和化解风险挑战的高招；既要打好防范和抵御风险的有准备之战，也要打好化险为夷、转危为机的战略主动战。面对国际国内风险动荡源和风险点增多的严峻挑战，习近平总书记以果敢的政治魄力、强烈的居安思危的风险意识，立足时代、顺应大势、着眼大局，未雨绸缪、及时预警、科学预测，为我们党和全国人民直面风险挑战、理性判断风险，积极而为，砥砺前行，为我们打赢重大风险防范攻坚战提供了重要的思想认识基础。

---

① 《习近平谈治国理政》第 3 卷，外文出版社 2020 年版，第 69 页。

② 《习近平谈治国理政》第 3 卷，外文出版社 2020 年版，第 223 页。

③ 习近平：《关于〈中共中央关于坚持和完善中国特色社会主义制度 推进国家治理体系和治理能力现代化若干重大问题的决定〉的说明》，《人民日报》2019 年 11 月 6 日。

### （二）积极主动的风险准备

风险高发、危机频发是当今社会的特征之一。1986 年，德国社会学家贝克就郑重告诫：我们已经进入了一个“风险社会”，这是一个与传统社会很不相同的社会。在传统社会中，人们相信人的理性力量能够控制自然和社会，使人类社会有秩序、有规则地发展。但是，随着经济全球化及科学技术的发展，社会的不确定性和不可预测性日益增多，人们不得不面对更多的风险。在我国，我们进入了中国特色社会主义建设新时代，正处于大有可为的历史机遇期，但前进道路上也面临着许多前所未有的挑战和风险。

实际上，所谓风险准备，是指面对风险的严峻考验，人们能够积极有为，为防范化解风险做实做细做好各种准备工作，力争牢牢把握打赢风险防范攻坚战主动权的思想认知。习近平总书记以战略家的胆识和实干家的魄力，深刻认识到要有效防范风险，必须具有“踏石留印、抓铁有痕”的刚毅态度，坚持底线思维，做好防范化解风险的各种准备，不打无准备之仗，由此形成了“积极主动”的风险准备。我们要继续进行具有许多新的历史特点的伟大斗争，准备战胜一切艰难险阻，朝着我们党确立的伟大目标奋勇前进。

应该认识到，当前阶段，我国经济社会发展既面临着百年未有之大变局的良好机遇，比以往任何历史时期都更有机会实现中华民族伟大复兴，但与此同时也面临着前所未有的风险挑战。这些风险的产生领域更加多元、表现形式更加多样、内在原因更加复杂、扩散速度更加快捷、涉及人群更加广泛、造成后果更加严重，它们之间彼此渗透、相互交织，具有极强的连锁反应能力。2016 年 5 月 10 日，习近平总书记在省部级主要领导干部学习贯彻党的十八届五中全会精神专题研讨班上的讲话中强调，要“下好先手棋，打好主动仗”，预判风险是防范风险的前提，把握风险走向是谋求战略主动的关键。要充分认识到必须将风险治理关口前移，做好风险治理的前期准备工作，这种“积极主动”的风险准备对我们党贯彻落实“空谈误国，实干兴邦”的务实精神，未雨绸缪、牢牢掌握防范风险的制高点和主动权具有重要的指导价值。

### （三）敢于斗争的风险担当

树立风险意识是做好应急处突的思想前提，实行风险准备是做好应急处突的各项要求。而敢于斗争的风险担当则体现的是，领导干部在面临危机风险和进行应急处突的工作时，必须强化责任担当。越是成绩巨大越要冷静、谨慎、警惕，不可麻痹大意。这必须建立在对风险本质的正确认识上。正确认识风险、正确把握风险的本质特征是更好应对危险、驾驭风险的逻辑起点。所谓“风险”，是可能发生的危险，是遭受损失、伤害、不利或毁灭的可能性。风险具有多重特征，直接威胁到执政党的执政安全，是任何一个执政党都不容忽视的问题。因而，这就要求各级领导干部在应对风险的过程中，从全党的利益出发、从全国人民的福祉出发，敢于斗争，敢于担当，从容不迫，有效应对。

工作精益求精，作风踏踏实实，是从源头上防范风险的基础性要求，是增强驾驭风险本领的落脚点。正确认识、有效解决风险问题，对于我们党来说，不管是在民主革命时期、社会主义建设时期还是在改革开放新时期都是至关重要的。这就要求我们党必须自觉树立起敢于同风险做斗争的勇气，塑造最终战胜风险、打赢重大风险防范攻坚战的自信心。2016 年 1 月，在省部级主要领导干部学习贯彻党的十八届五中全会精神专题研讨班上的讲话中，习近平总书记以宏阔的视野和长远的眼光明确指出：“发展中国特色社会主义是一项长期而艰巨的历史任务，必须准备进行具有许多新的历史特点的伟大斗争。当前和今后一个时期，我们在国际国内面临的矛盾风险挑战都不少，绝不能掉以轻心。”①这句话充分彰显了习近平总书记高瞻远瞩的时代判断、居安思危的风险意识和勇于回应风险的斗争精神，这也成为指引我们全党和全国人民凝心聚力防范风险，勇往直前治理风险，最终打赢重大风险防范攻坚战这

① 《习近平谈治国理政》第 2 卷，外文出版社 2017 年版，第 222 页。

一战略任务的响亮口号。

防范化解风险是中国特色社会主义事业的一项重要任务，打赢重大风险防范攻坚战是我们实现全面建成小康社会宏伟目标和民族复兴中国梦所要进行的伟大斗争，时间紧、任务重、压力大、道路长，直接关乎民众的获得感、幸福感和安全感能否得到有效保障，关乎我们党的执政公信力能否坚不可摧，更关乎我国总体安全是否能完全实现。但这决不是一朝一夕之功就能解决的，要求我们党必须具有勇于同风险决战的斗争精神和坚定顽强的斗争意志。2019 年 1 月 21 日，习近平总书记告诫全党，“防范化解重大风险，需要有充沛顽强的斗争精神”，也要时刻保持“踏平坎坷成大道，斗罢艰险又出发”的顽强意志。2019 年 9 月 3 日，习近平总书记在中央党校（国家行政学院）中青年干部培训班开班式上进一步强调：“要积极应对‘五个危害风险’挑战，时刻保持清醒头脑，坚持牢固斗争立场，对标正确斗争方向，秉承科学斗争原则，勇于发扬斗争精神，掌握灵活斗争谋略，做到‘骨头要硬，敢于出击，敢战能胜’。”[①] 这就要求我们党不为风险所惑、不为风险所困、不为风险所惧、不为风险而退，主动回应、迎险而上、积极有为，做到勇于直面风险挑战，善于同风险做斗争，抓重点、补短板、强弱项，既要全面提升驾驭风险的斗争本领，又要具有不战胜风险誓不罢休的顽强意志，保持突出的政治定力和勇往直前的坚强决心，为破解防范风险时代难题、打赢重大风险防范攻坚战的艰巨任务勇于负重前行。

## 二、在实践中不断提高驾驭风险和应急处突的能力

进入新时代以来，我们党面临的执政环境越来越复杂、变化越来越大，同计划经济时代相比、同相对封闭状态下相比，差别越来越大、新情况越来越多、局面越来越复杂。党的十八大以来，在实现新时代中国

① 习近平：《发扬斗争精神增强斗争本领 为实现“两个一百年”奋斗目标而顽强奋斗》，《人民日报》2019 年 9 月 4 日。

共产党历史使命的征程上，我们面对着百年未有之大变局，面对着改革发展稳定的繁重任务，面对着应急突发危机管理所面对问题的突发性、复杂性和多样性，这都要求我们的党员干部尤其是年轻干部，要在实践中不断提高驾驭风险和应急处突的能力。

### （一）驾驭风险与应急处突的一般原则

领导干部作为奋斗在防范风险一线的指挥官，要切实担负起维一方稳定、保一方平安、促一方发展的主体责任，要积极主动地把自己职责范围内可能发生的风险防控好，不把防风险的责任推给上面、留给后面，更不能在工作中不负责任地制造风险。面对突发风险，各级领导干部要始终坚持以人民为中心的发展理念，牢固树立生命至上、安全第一的思想，时刻把人民群众的生命财产安全放在第一位，沉着冷静、快速反应，第一时间掌握情况、作出决策，注重从全面、整体和长远的高度分析研判，找准矛盾和问题的根源，综合运用法律、政策、经济、行政等手段和教育、协商、疏导等方法化解风险，亡羊补牢，最大限度地减少人员伤亡。危急突发事件一般有多种表现形式，危机事件爆发后可能造成不良的影响和后果。因此，一旦发生危机突发事件，党和政府及有关部门要迅速决策、及时解决，避免事态恶化。基本方针是以有利于改革、发展、稳定，以维护和实现最广大人民群众的利益为根本出发点，尽快消除危机、恢复影响。而对于领导干部而言，在这个过程中要坚持以下基本原则。

#### 1. 预防为主、设定预案、常备不懈

突发危机事件通常具有不可测性，但并非所有事件都是不可预防的。领导干部在危机管理中必须确立“预防为重”的观念，正如美国学者戴维·奥斯本和特德·盖布勒在其《改革政府》一书中所说：“政府管理的目的是花少量钱预防，而不是花大量钱治疗。”[①] 各级领导干部

① 戴维·奥斯本，特德·盖布勒：《改革政府》，周敦仁译，上海译文出版社 2013 年版，第 79 页。

尤其是各级面对一线防控任务的领导干部，必须坚持防重于治的方针，对本地区各类可能发生的突发事件要进行预测分析，有针对性地制定应急处理预案，并针对事件苗头采取相应的预防措施，防范突发危机事件的发生。预防工作必须持续、连贯、长期地努力进行，不能“临渴掘井”“急来抱佛脚”，必须天天讲，时时抓，持之以恒，将预防工作落到实处。预防工作落到实处的目的，在于第一时间控制风险规模和影响范围，迅速启用所有公共资源开展危机治理，因势利导、多措并举，根据实际情况灵活调整风险应对方案，在错综复杂的关系中抓住重点，解决关键问题，化解主要矛盾，果断遏制危机的发展和升级，牢牢把握防范、控制、化解风险的主动权。

预防工作的有效发挥，在于突发事件预测预警机制功能的实现，也就是说在突发事件发生之前，识别存在的各种威胁。在此基础上，采取适当的措施发出警报，敦促社会公众采取行动，避免突发事件的发生或者最大限度地减轻突发事件的影响。预测预警机制如果不能及时发现潜在的风险并传递相关的警情，也就不能为提前采取相应措施赢得宝贵的时间。因而，要针对各种可能发生的突发公共事件，完善预测预警机制，建立预测预警系统，开展风险分析，做到早发现、早报告、早处置，这就体现了及时性的原则。同时，预测工作也要体现出全面性原则。全面性原则要求预警信息覆盖所有的利益相关者，而不能出现挂一漏万、顾此失彼的现象。在突发事件中，损失的降低程度通常与获得警报的人数成正比。为此，在预警信息的传播中，要使用多样化的信息传递渠道，要运用现代化的信息手段，如电视、广播、互联网、手机等，也要兼顾传统的预测方式，如高音喇叭、鸣锣敲鼓、奔走相告等。同时，传播预警信息要特别关注弱势群体，如老人、儿童、鳏寡孤独者、残疾人以及语言不通的外国人等。

2. 以维护人民群众生命财产安全和社会稳定为第一目标

回顾我们党近 100 年的历史，我们党之所以能在人民群众中逐步建立起自己的崇高威信，正是因为共产党人时时刻刻、事事处处为人民群众排忧解难，想群众之所想，急群众之所急，使群众真正享受到了实际利益。不管是在革命斗争时期、社会主义建设时期，还是在改革开放的伟大历史时期，实现好、维护好、发展好人民的根本利益始终是第一位的。在危险来临和应急处突的过程中，这一点尤为重要。习近平总书记指出，公共安全是最基本的民生。党的十九大报告强调，要树立安全发展理念，弘扬生命至上、安全第一的思想，健全公共安全体系。人的生命只有一次，人的生命是最宝贵的，而安全也是最基本的公共产品。以人民为中心的发展思想的提出，彰显了新时代人民至上的价值取向。坚持以人民为中心的发展思想，其根本要求就是要保障人民群众生命财产安全。

公共安全与应急管理工作是救人于水火、于危难的民生大事。全面加强公共安全与应急管理工作，必须全面贯彻以人民为中心的发展思想。因而，领导干部在驾驭风险和应急处突工作中，必须真正体现对人民高度负责的精神，把人民群众的生命财产安全放在第一位，把抢救人的生命与保障人们达到基本生存条件、减少人员伤亡和财产损失、维护社会稳定和社会经济系统的正常运作作为首要目标和基本任务。除了要确保受害人员和受灾人员的安全外，还要最大限度地保护参与处置突发危机事件的应急人员的安全和健康。

3. 统一领导、统一指挥、分级负责

“党政军民学，东西南北中，党是领导一切的。”党的全面领导，不仅体现在推进国家治理体系和治理能力现代化的全过程，而且也体现在国家在应对危机、化解风险、解决困难的过程中的统一领导、统一指挥、统一部署。在应急处突过程中，所谓的统一领导指挥，是指在突发危机事件应急处理的各项工作中，由应急处理指挥部的总指挥统一领导、统一指挥，各有关部门都要在应急处理指挥部的领导下，按照应急预案规定的工作方案和工作部署，开展各项与本部门有关的应急工作。分级负责主要体现在两个方面：一是根据突发危机事件的性质和发生范围来实施分级负责。要坚持分级负责、归口管理与属地管理相结合的原则，坚持“谁主管谁负责”，突发事件发生在哪里，属于哪一级党组织、哪一级政府、哪一个单位或部门，就由那一级党组织、政府、单位或部门的领导干部负责处理。全国性和跨省的突发危机事件应急处理工作由中央负责，国务院设立全国突发危机事件的应急处理指挥部，负责统一领导和指挥。二是在具体实践中，突发危机事件按照其对公众健康造成或者可能造成的伤害程度划分级别。根据事件的级别，实施相应的分级负责。具体的级别划分和处理，要在应急预案中作出规定。

4. 临危不乱、措施果断、应对沉着

面对突如其来的突发事件，不管问题多么复杂、情况多么紧急，领导干部一定要镇定自若，遇事不慌、处变不惊、临危不乱。要特别注意“以冷对热”“以静制动”“以柔克刚”，冷静沉着地面对各种突然而至的问题，慎重机智地应对所面临的复杂多变的局面。面对突发事件，多数情况下，我们不可能有充分的时间思考、讨论、研究、论证。因而，对领导干部而言，如果当断不断，很有可能反受其乱。也就是说，该决断的时候优柔寡断、反应迟钝、行动缓慢，便会贻误战机，陷入被动境地，使突发事件不能得到及时控制，甚至会落个“小事闹大、规模扩大、难度增大”的后果。所以，处理突发危机事件时，一定要争取时间，必须讲效率和速度。这就要求领导干部面对突发危机事件，必须在理智冷静的基础上当机立断，做到快刀斩乱麻，迅速判断，快捷反应，果断地拿出解决办法，立即采取一系列紧急处置手段。

5. 机动灵活、随机应变，以最小代价化解危机

各级领导干部在处理突发危机事件时，要遵循机动灵活、随机而作的原则，针对不同情况，因事、因时、因地、因势制宜，随机应变，采取不同的措施，甚至采取超乎常规的程序和办法，不可千篇一律、墨守成规。同时，要注意原则性与灵活性相结合，在有些问题上适当地妥协让步是必需的。必要的局部牺牲，在表面看来是退却和让步，实质上是为了最大限度地减少全局损失，使突发事件处理顺利进行，并得到彻底解决。

领导干部在一线处理突发危机事件的过程中，应提倡的方式是灵活

机动、迅速高效。由于突发事件的演化瞬息万变、不确定性强，这就要求我们根据实际需要，打破常规，大胆创新，务求应急处置的迅速和高效。特别是领导干部可以援引《中华人民共和国突发事件应对法》的相关规定，行使行政紧急权，在紧急状态下特事特办，简化应急处置程序以迅速控制事态发展，最大限度地减少突发事件所造成的损失，挽救更多人的生命、保护更多的财产。当然，在应急处置的过程中，我们既要维护公众秩序、保证公共安全，又要维护公民权利、保障基本人权，防止行政紧急权的滥用。

6. 应对措施要遵循科学原理和技术规律

在新时代防范风险、应急处突，领导干部需要责任担当，更需要科学理性，要依靠科学，专业处置问题。在应急处置过程中，领导干部要充分利用和借鉴各种高科技成果，发挥专家的决策智力支撑作用，避免不顾科学的蛮干。同时，领导干部也要充分利用专业人员的专业装具、专业知识、专业能力，实现突发公共事件的专业处置。突发事件的救援可以是综合性的，但处置必须尊重科学，体现专业处置的原则。否则，突发事件的危害有可能进一步扩大，甚至伤及应急救援者。比如，在切尔诺贝利核电站事故发生后，苏联政府派出国防部与内务部所属军队36万人进行灾害处置。防化部队、工程部队和国土防空部队投入救灾，参加灭火及消除核污染的行动。特别是防化部队，具有专业的防化、防辐射能力且配备了齐全的防护装具，在事故的处理中起到了重要的作用。

领导干部必须落实“科学应急”的原则，充分发挥应急专家“外”的作用，使突发事件处置能够依法、科学、有序地进行，进而避免不必要的生命财产损失。特别是对于那些因工业技术而引起的灾害，如有害化学物质泄漏、放射性物质扩散、重大环境污染事故、重大生产安全事故、火灾事故等，以及由于自然灾害如洪水、飓风、地震、火山爆发、森林大火等造成的危机事件，在应对和处理时，一定要注意应对措施的科学性和技术合理性，要尊重和依靠科学，多征求特定科学技术领域科研机构及专家的意见和建议，切忌盲目蛮干。

7. 危急之时同样要依法治理、尊重公民权利

突发事件会产生多种威胁，造成多种损失。因此，应急处置可能面临多重价值目标的选择。我们要坚持“先救人，后救物”的原则，把挽救生命与保障人们的基本生存条件放在首要位置，不能舍本逐末。同时突发事件现场安全形势很不稳定，我们必须高度关注应急救援人员的人身安全，有效地保护应急响应者，避免次生、衍生灾害的发生。这也是突发事件处置“以人为本”的典型表现。

党和政府的工作人员尤其是领导干部，在行使危机管理权时，要“以人为本”“以事为主”，但是要“依法为据”。我们要建设社会主义法治国家和法治社会，关键少数的领导干部必须具有法治思维和运用法治方式，即使是在面对风险防范和应急处突的过程中，也必须在法律规定的权限范围内行事、处事、办事，不能任意扩张，不能随意误用滥用权力，不可恣意侵犯公民的权利。

### （二）驾驭风险与应急处突的基本步骤

习近平总书记在2020年秋季学期中央党校（国家行政学院）中青年干部培训班上，要求年轻干部着力提高应急处突能力。从当前工作来看，应急处突能力是年轻干部的最大“短板”。究其原因，应急突发事件处置难度大、涉及领域广，不少年轻干部缺少知识储备和实践历练。加之，突发危机事件的突然性、紧急性、破坏性要求领导干部必须制定一个周密详尽、正确有效的处理程序，以便及时采取积极措施，尽最大努力迅速控制局势，准确查明原因，果断解决问题，把突发危机事件造成的损失控制在最低程度。

1. 迅速控制事态的扩大和蔓延

突发危机事件发生后，立即采取紧急措施，控制事态，使其不扩大、不升级、不蔓延、不恶化是处理整个事件的关键。这既是关系整个应急工作成败的基础和前提，又是寻找更好更彻底的处理方法的重要条件。

首先，立即启动突发危机事件管理机构。突发危机事件一旦发生，

要立即启动突发危机事件管理机构或突发危机事件处理小组，让专职应急管理人员立即投入工作。其次，迅速隔离危机险境。在出现重大突发公共事件时，为了切断险情蔓延的可能途径，确保组织和公众的生命财产少受损失或不受损失，要采取各种果断措施，迅速隔离险境。一是人员隔离，即在人力上进行明确分工，一部分人员专职从事突发危机事件的控制工作，另一部分人继续组织的正常运转工作，以在整体上保证组织运行的连续性；二是事件隔离，即对危机本身的隔离，应重点做好公众的隔离和财产的隔离，要迅速转移受害人员或受灾民众脱离危险，对于伤员更要进行无条件的隔离救治。再次，控制事态蔓延扩大。在突发危机事件发生后的一段时间里，它有可能会进一步恶化，并迅速扩散蔓延，甚至还会产生“连锁反应”，引起其他事件的出现。因此，若要使整个事件妥善地得到解决，必须首先千方百计地控制事态范围，使其不再继续扩大、蔓延和升级，使其由热变冷、由大变小、由强变弱。要即刻抽调应急人员在尽可能靠近事发现场的地方设立现场指挥部，按照危机处理预案，进行现场救援指挥等工作。要立即组织专业应急人员抢救生命和财产，火速封锁出事现场，并劝散围观人员，以免影响救援处置工作的正常进行。还要由现场指挥部及时、准确、全面地向媒体和公众发布突发危机事件的信息，告诉公众目前发生的事情及危机状态、政府正在采取的措施、公众注意事项等。

2. 准确判断事件的症结并迅速确定应对方针和措施

控制事态使其不再扩大、蔓延，不是危机的真正解决，只是危机处理的开端。重要的是利用控制事态后的有利时机，千方百计地掌握危机的各种情况，并且透过现象看本质，据此制定出解决问题的措施。因此，必须迅速安排力量，通过广泛调查，收集危机事件的真实材料，弄清危机的来龙去脉，据此认准整个危机事件的主要矛盾，找到整个事件的症结，确认突发危机事件的性质。现场指挥部根据调查分析，形成统一认识和结论，然后迅速制定处理事件的对策措施。方案必须注意科学性、可行性和针对性，不但要周密细致，还要有应急备用方案，以保证万无一失。

3. 集中力量迅速果断地解决问题

实施决策方案，采取果断措施处理突发危机事件，是战役的决战阶段。由于突发危机事件发展扑朔迷离，犹如处于瞬息万变的战场，打胜仗更需要强制性的统一指挥和力量凝聚。

首先，领导班子必须指挥统一，协同作战，共同组织应对突发危机事件。对参与处置的各领导成员及有关部门要分工明确，责任具体，严格要求。主要领导首先协调好班子的思想认识，保持高度统一，对事件处理统一指挥，统一调度，分头落实，使领导班子成为坚强有力的战斗指挥部。其次，领导干部一定要头脑清醒，坚决有力，统驭全局。既不因局部的优势和胜利而忘乎所以，也不因局部的劣势和失利而焦躁冲动。要稳住阵脚，指挥若定，调动一切积极因素，形成一种必胜的气势，以取得决战的胜利。要用铁的纪律、铁的手腕去落实各项指令。区内无论哪一级领导、哪一个部门，都必须无条件地服从大局。同时，领导干部还要审时度势，及时根据事态变化的客观情况，改变相应的措施或更换新的作战方案，以保证整个战局大获全胜。其次，领导干部必须从各种因素中找出冲突焦点，抓住主要矛盾和矛盾主要方面，集中优势兵力攻克难关。对于社会政治性事件，必须全力控制头面人物或首要人物。最后，领导干部对突发事件应注意采用缓和矛盾的方法，抓住机遇，创造性地解决问题，化害为利，扭转危机。

## 三、善于处理各种复杂矛盾，牢牢把握工作主动权

历史总是在不断解决问题中前进的，中国特色社会主义伟大事业也是这样。我们党领导人民干革命、搞建设、抓改革，都是为了解决我国的实际问题。党的十九大报告强调，要增强驾驭风险的本领，健全各方面风险防控机制，善于处理各种复杂矛盾，牢牢把握工作主动权。当前我国正面临复杂形势和艰巨任务，因此，如何成功地应对和处理突发危机事件已经成为领导干部不可回避的重大课题。驾驭风险和应急处突的能力，也就理所当然地成为衡量领导干部领导能力的重要标准。

### （一）提高防微杜渐能力

事物的发展是有过程和原因的，领导干部要从已知查未知。突发事件并不是无端飞来，出现之初总会有这样那样的迹象。因此，领导干部要做到：首先，能够及时地抓住那些初露端倪的现象，把问题解决于萌芽之中，以避免事态扩大造成损失。这就要求，领导干部一方面必须全面系统地观察分析事物现实存在的各种矛盾；另一方面，在此基础上又必须客观地分析研究事物各种矛盾的发展变化进程和趋势。全面系统地认识事物现实是基础，无此基础就不可能有正确的预测；但如果只停留在对现实的认识上，不预测其发展变化，没有相应发展变化的应对方略，不仅把握不了事物的未来，也把握不住事物的现实，结果在未来和现实的工作、斗争中都会失误。其次，能够以小见大，从正常见异常。危机的形成，往往有一个或长或短的过程，并且以某一事件为契机，而突发事件往往是危机的前兆。危机的前兆往往通过一些细微的、偶然的、独特的甚至是正常的形式出现。对此，领导干部要善于以小见大，透过偶然性发现深刻的必然性，从正常见异端，机敏地处理突发事件和突发事件所带来的危机。那么突发事件和危机是可以把握和避免的。因此，正如习近平总书记所强调的，领导干部在观察事物时，要正确地把握事物现象与事物本质的关联状况和特点，准确地把握事物的本质特征和发展趋势，及时识别事物现象表现的真伪。

### （二）提高快速反应能力

领导干部要准确判断事态发展趋势、影响，小与大、异常与无防，最忌因小而不顾，正常而不防。在危机的状态下，时间是非常宝贵的。这要求领导干部必须快速反应，容不得半点拖延。如何有效地运筹时间，使其利用效能能够发挥到极致，这对于领导干部和各级组织来说都是至关重要的。因此，领导干部要使时间的浪费减少到最低限度，要善于抓住时机，审时度势，善于选择和把握时机，准确地判断事态发展趋势，当机立断，迅速控制事态。在把握好时间度、做出快速反应的同时，不能因小而不顾。因为，每当一种新的危机刚刚出现，在对它缺乏了解和认识的时候，人们往往容易忽视它，从而造成损失、付出代价。一些微小、正常的事件背后往往隐藏着巨大的灾难，如果这时领导干部因小而不顾、不加防范的话，事态就会迅速蔓延导致严重后果。能否首先控制住事态，使其不扩大、不升级、不蔓延，是处理突发事件的关键。

要达到这一目的，领导干部可采用的方法有心理控制法和组织控制法。所谓心理控制法，就是领导干部要控制自己情绪，冷静沉着。无论哪类突发事件，都会对人们心理产生相当大的冲击与压力，使大部分人处于强烈的冲动、焦躁或恐惧之中。干部是群众的主心骨。如果我们的领导干部在危机面前，不能“以冷对热”“以静制动”，不能镇定自若，大众的心理压力就会大大增加，甚至会失去理智，诱发突发事件。相反，如果领导干部心理控制得当，就会稳定群众情绪，避免突发事件发生或者有利于突发事件及时解决。二战时期，罗斯福总统在应对“珍珠港事件”时的镇定自若稳定了人心，使全国上下同仇敌忾。所谓组织控制法，就是面对突发事件，领导干部在组织内部迅速统一观点，使大多数人有清醒认识，稳住自己阵脚，以大局为重，避免危机扩大。

### （三）提高果断决策能力

突发事件的出现，要求领导干部立刻做出正确决策并及时控制局势，否则会扩大突发危机的范围，甚至可能失去对全局的控制。因此，领导干部不可能像正常情况下按程序进行决策论证和选优。突发危机决策活动中，领导干部的从容应对是快速反应，果断决策，这是突发事件时效性的要求，也是突发事件决策的显著特征。但这并非故意违反常规的决策程序或决策环节，而是必须即刻反应的情形下的明智的非程序化决策行为。而且，不同的突发问题，要有不同的处理方案。方案只有建立在科学的基础上，即符合事物本身发展的规律，实行起来才能收到良好的效果，才能经得住实践的检验。在这种情况下专家的分析和支持是不可或缺的。专家支持可以增大领导干部决策的知识容量，延伸领导干部的脑力，放大领导干部的能力，扩大领导干部的精力，还可以减少领导决策的失误。

因此，领导干部要善于利用专家的意见。可以说，善于利用专家意见是领导干部果断决策成功的保证。这就要求领导干部能够综合各种意见择善而从。有的领导干部虽然征求建议，但只找赞成自己意见的专家，不愿意广泛听取不同的意见，结果在他周围就会聚集一些专看领导脸色、因风转舵说话的所谓“专家”。谀言满耳而诤言消声，领导干部的决策就很难符合科学、符合实际了。兼听而善择，这是一个高明务实的领导干部应当具备的能力。只有这样，领导干部才能真正做到果断决策。

### （四）提高坚决处理能力

工作精益求精、作风踏踏实实，是从源头上防范风险、化解风险的基础性工作，也是增强驾驭风险和应急处突能力的落脚点。据统计，天灾大多人力不可抗拒，但人祸往往可以因默默的、踏实的工作最大限度地避免。各级领导干部是我们党治国理政的骨干，有效防范化解我国从“富起来”到“强起来”征途中的各种风险，不断在实践中提高驾驭风险和应急处突的能力，各级领导干部是关键。而提高各级领导干部在危机突发事件中的坚决处理能力是至关重要的。

面对突发事件，完全按常规来处理是行不通的。因此，领导干部要把依法办事与临时措施相结合，坚持处理好突发事件。在危机事件决策对时效性高要求和信息匮乏的条件下，任何摇摆不定、软弱的处理都会产生严重的后果。特别是在处理需要动用各方资源的重大危机或多种并发危机事件时，更需要领导干部具有高度的坚决性。否则，不仅必然严重影响危机处理的效率，而且还会造成地区主义、形式主义的问题。现实中那些迟报、漏报甚至瞒报紧急重大情况和事件的严重问题，一个重要原因就是在处理上的不坚决所致。所以，对危机事件的处理要坚决，决策一经做出就要坚决执行。

### （五）提高勇担风险能力

危机事件本身是信息复杂的，发展的可预测性也相对较差。因此，处理危机事件具有很大的风险性，处理结果对危机的作用也难以预测。这种处理结果的风险性，要求领导干部必须具有勇于承担风险的能力。事实上，领导干部个体的政治素质和能力素质，对危机处理结果的风险性起着决定性作用。领导干部要在实践中培养自己的探险家胆识，以及敢冒风险敢当风险的精神和能力。因此，新时代党员干部在风险防范化解上不仅要敢于担当，勇于战胜前进道路上的各种艰难险阻，而且要善于担当，善于处理各种复杂矛盾和情况，有效应对和化解威胁伟大事业的各种风险，把风险防范工作抓实抓好。

首先，领导干部要有过硬的政治素质，既有胆识又有高度负责的责任感。有高尚的政治素质和高度负责的责任感，领导干部才能把握全局，从战略高度处理危机事件，沉着稳健地应付危机。有胆有识，领导干部才可能以其大智大勇，在处理突发事件过程中，巧妙安排，抓住时机出奇制胜。其次，领导干部要有能够冒险的能力。处理危机事件所涉及的因素是复杂的，知识、技能、智力、智慧以及情感、意志等心理因素都起作用。领导干部之所以敢于冒风险应是在有着丰富知识的基础上厚积薄发，并且领导干部的预测能力尤其重要。处理危机事件的决策是全然没有把握的、难度最大的。进行这种决策比其他非程序化决策所承担的风险要大得多，领导干部必须具有预言家的预测，充满乐观和自信，从对立思想的交锋中和不同观点的碰撞中，及时、果断、慎重地决策。这样，即便是“摸着石头过河”，也一定能到达彼岸。

### （六）提高相信和依靠群众能力

人民立场是党的根本立场。党的群众工作，是我们党依靠人民群众创造社会历史、实现伟大复兴中国梦不懈奋斗的基础性工作。习近平总书记指出："党的全部执政活动，离不开强有力的群众工作。"[①] 因此，领导干部在处理突发事件时，不能光靠自己一个人的力量，必须充分地相信群众，坚定地依靠群众，把广大群众的智慧集中起来。为此，就必须做到：首先，信任群众。将危机的进展情况以及处理危机的信息和决策，向广大群众公开，以稳定公众的信心，取得共识。然而，媒体由于受法规、政治体制等因素的制约，在危机报道方面存在两大问题，其一是有些危机发生地的领导为开脱责任和逃避法律制裁，阻挠媒体公正介入事件报道，不让公众了解危机事件真相。其二是在危机事件的报道中，部分媒体出于对商业利益的追逐，人为制造热点、炒作新闻。因此，要在信息公开上与群众取得共识。一方面，应该尊重群众的基本权利，信任群众，保证群众的知情权。另一方面，在进行信息公开的过程中，行政管理能力、群众心理承受能力和大众媒体传播能力等诸因素都应该考虑到。对于不同文化层次和受教育程度的人群，社会管理机构给予不同程度的引导。要充分考虑到群众心理承受能力，对不同的对象采取适宜的方式方法。同时，大众传播媒介在这一过程中要充分担负起为人民服务的职能，尽量配合管理部门做好灾前预防和灾后稳定工作，协调好各方面的关系，而不应盲目传播不真、不确、不利于社会稳定的信息，更不能做谣言的散播器。提高媒体与群众正式沟通的效率，及时公布真实情况，增加事情的透明度，保证群众的知情权，多做宣传和解释工作，加强引导，使小道消息的消极影响减少到最低程度。其次，依靠群众，即从群众中汲取智慧和办法，并把自己的危机处理决策向群众讲清楚，力争得到群众的理解和支持。这样，群众就能同领导干部一起，共渡难关，战胜危机。

### （七）提高依法办事能力

党的十八大以来，党中央高度重视依法治国。党的十九大报告指

① 中共中央文献研究室编：《十七大以来重要文献选编》（下），中央文献出版社 2013 年版，第 176 页。

出，全面依法治国是国家治理的一场深刻革命，必须坚持厉行法治，推进科学立法、严格执法、公正司法、全民守法。在现代法治国家，为了严格地规范紧急状态时期政府行使紧急权力，大多数国家的做法是在宪法中规定了紧急状态制度，给党和政府的行政紧急权力划定明确的宪法界限；制定统一的紧急状态法来详细规范紧急状态时期政府与公民之间的关系，以保障政府在紧急状态下充分、有效地行使行政紧急权力，同时也很好地限制政府的行政紧急权力，保护公民的权利不因紧急状态的发生而被政府随意剥夺。如许多国家宪法和国际人权文件都规定，即使是在危机状态时期，一些最基本的人权，如生命权、语言权、宗教信仰权等也不得被限制，更不得被剥夺。这些规定都是防止因政府随意滥用行政紧急权而使公民失去不应当失去的权利的事件发生。

在 2015 年 2 月 2 日省部级主要领导干部学习贯彻党的十八届四中全会精神、全面推进依法治国专题研讨班上的讲话中，习近平总书记强调，领导干部要做尊法学法守法用法的模范，带动全党全国一起努力，在建设中国特色社会主义法治体系、建设社会主义法治国家上不断见到新成效。所以，我们应当在总结国外紧急状态立法经验的基础上，结合我国实际，加快紧急状态法律法规的建立和健全，规定统一的紧急状态下的政府应急机构和应急机制。只有这样，才能贯彻法治原则，保障政府在紧急状态时期也能够依法执行权力，保障公民的权利不受非法侵犯。只有这样，才能为领导干部在紧急状态下坚持依法办事提供可能性，才能有助于领导干部在驾驭风险和应急处突实践中提高依法办事的能力。

总之，“凡事豫则立，不豫则废”。面临国内改革发展稳定的繁重任务，面对世界范围内百年之大变局，我们的国家也处于危机四伏之中。我们要清楚地认识到，年轻干部是我们党和国家在新时代的中坚力量。如何在危机中育新机，于变局中开新局，不仅是对每一位年轻党员干部领导能力和治理本领的考验，而且是在新时代更好推进国家治理现代化的必修课。为此，一定要增强风险意识，下好先手棋、打好主动战，做好随时应对各种风险挑战的准备。要努力成为所在工作领域的行家里手，不断提高应急处突的见识和胆识，对可能发生的各种风险挑战，要充分做到心中有数、分类施策、精准拆弹，有效掌控局势、化解危机。

## 拓展阅读

### 打牢基层维护社会稳定的第一线平台[①]

（二〇〇六年十二月一日）

人是否健康主要从研究细胞开始，社会是否和谐稳定也要通过基层来观察。随着当前大量的“单位人”变成“社会人”，社会组织和单位对人口、场所、行业的传统约束能力有所下降。这样，基层的地位就更加凸显出来，处在了前沿位置，成为维护社会和谐稳定的第一线平台。大量的信息在基层交流，多种思潮在基层激荡，各种矛盾在基层汇集，甚至一些矛盾纠纷与冲突也在基层酝酿、爆发。可以说，基层既是产生利益冲突和社会矛盾的“源头”，也是协调利益关系和疏导社会矛盾的“茬口”。

构建和谐社会，重心在基层。基层就是社会的细胞，是构建和谐社会的基础。要建立健全基层舆情汇集分析机制，完善矛盾纠纷排查调处制度，综合运用法律、政策、经济、行政等手段和教育、协商、疏导等办法，逐步筑起基层这个维护社会稳定的第一道防线，使之更坚实、更稳固。这样，社会和谐也就有了牢固的基础，也就能够通过强化对基层的服务和管理，来更好地协调利益关系，理顺思想情绪，疏导社会矛盾，把各种不稳定因素化解在基层，解决在萌芽状态。

① 习近平：《之江新语》，浙江人民出版社 2007 年版，第 239 页。

# 第六章

# 提高群众工作能力，增强干事的“底气”

习近平总书记指出，党的根基在于人民、血脉在于人民、力量在于人民。群众工作与中国共产党有着一种天然的、不可分割的关系，做群众工作是中国共产党的特长，中国共产党就是靠做群众工作起家的。中国共产党成立以来近 100 年的历史，就是同人民群众生死与共、同甘共苦的奋斗历史，是我们党密切联系群众、做群众工作的历史，是形成和发展、贯彻落实党的群众路线的历史。因此，群众工作是党的生命，坚定不移地做好群众工作是我们党一切胜利的根本。习近平总书记 2020 年 10 月 10 日在秋季学期中央党校（国家行政学院）中青年干部培训班上发表重要讲话强调，要坚持从群众中来、到群众中去，真正成为群众的贴心人。要心中有群众，时刻把群众安危冷暖放在心上，认真落实党中央各项惠民政策，把小事当作大事来办，切实解决群众“急难愁盼”的问题。在新时代，不断提高群众工作的能力是年轻干部的必修课，年轻干部要在群众工作的实践中不断提高能力，只有提高了群众工作能力，才能更好地做好群众工作，才能带动广大人民群众为实现梦想而努力奋斗。

## 一、不要做代替人民群众包打天下的“英雄好汉”

刘少奇在 1945 年党的七大上作的《关于修改党章的报告》中指出，

我们党从最初起，就是为了服务于人民而建立的，我们一切党员的一切牺牲、努力和斗争，都是为了人民群众的福利和解放，而不是为了别的，这就是我们共产党人最大的光荣和最值得骄傲的地方。共产党人在群众革命斗争中的作用应该是也只能是人民群众的引导者和向导，而不应该是也不可能是代替人民群众包打天下的“英雄好汉”。但马克思主义又认为，无产阶级群众的自发斗争，不可能使自己获得彻底解放。因为，无产阶级群众的自发斗争，不可能产生出马克思主义；而没有马克思主义与工人运动的结合，就不可能产生无产阶级政党；没有马克思主义的指引和无产阶级政党的领导，无产阶级群众的斗争就会陷于分散、涣散、没有远大目标和高度的组织纪律性，就不会使自己获得彻底解放。党要依靠群众又要教育和引导群众前进，深刻揭示了党的群众观点的实践方法，揭示了党所承担的依靠群众与教育、引导群众前进的双重责任。党的群众工作之所以重要，就在于党要通过深入细致、有效管用的群众工作，更加深入地了解群众的利益诉求，更加准确地掌握群众的思想动向，以在制定和实施路线方针政策的实践中，实现、维护和发展人民群众的根本利益，带领人民群众过上更加幸福美好的生活。只有这样，才能进一步密切党与人民群众的血肉联系。因此，习近平总书记强调，群众工作是我们党的优良传统和政治优势。群众工作的本质是密切党群关系，核心是正确处理人民内部矛盾。

### （一）中国共产党群众工作的历史传统

在中国共产党领导的新民主主义革命时期，以毛泽东为代表的中国共产党人为中华民族的独立、人民群众的解放和国家的繁荣富强，高举共产主义和社会主义的旗帜，深入工农群众，传播马克思列宁主义革命真理，启发工人阶级和广大农民群众的革命觉悟，帮助中国广大人民群众认清我国的社会性质和基本国情，认清革命的动力、对象、任务和前途，极大地鼓舞了人民群众的革命热情，团结和带领广大群众投入到了如火如荼的革命斗争中。我们党和党领导的军队深深扎根于广大人民群众之中，依靠同人民群众的血肉联系，依靠人民群众的支持，获得了无坚不摧的力量，推翻了“三座大山”，建立了新中国。中国革命的胜利，是人民群众在中国共产党的领导下坚强奋战而取得的，是靠坚持党的“一切为了群众、一切依靠群众，从群众中来、到群众中去”的群众路线而取得的。

党在全国范围内处于执政地位以后，我们党始终把党的建设特别是保持党与人民群众的密切联系置于一切工作向前推进的中心环节。通过持续的努力，使所有的共产党员无时不处在牵引、激励和警觉之中，较好地保持了为民本色，坚持了党的群众路线，带领中国人民取得了建设新中国的伟大成就，出色地完成了党在当时肩负的重任。1956 年 9 月，党的八大总结了我们党执政 7 年来的经验教训，要求全党坚持群众路线，即坚持全心全意为人民服务的宗旨，坚持从群众中来、到群众中去的方法；要求全党继续坚持民主集中制原则和坚持集体领导的原则，防止个人崇拜，避免个人专断。之后，由于我们党对经济文化落后国家建设社会主义的长期性、复杂性、艰巨性认识不足，对执政规律缺乏深刻的了解，对经济发展规律和社会发展规律的认识发生了偏差，党的群众工作在相当长的一段时间内遭受了挫折。

1978 年党的十一届三中全会全面分析了当时的国际国内形势、人民群众的意愿和要求，把全党工作的着重点和全国人民的注意力转移到社会主义现代化建设上来，为我们在新时期进一步做好群众工作，密切党与人民群众的关系，贯彻党的群众路线奠定了坚实的政治基础。在之后的 40 多年里，我们党始终坚持做好群众工作，与时俱进创新群众工作方法，带领广大人民群众不断取得新的成就。尤其是进入新时代以来，坚持以人民为中心，坚持“一切为了群众、一切依靠群众，从群众中来、到群众中去”的群众路线，更加善于做好群众工作，进一步密切了党同人民群众的血肉联系，充分地尊重和依靠人民群众的创造力，不断提高人民群众的生活水平和生活质量，从根本上赢得群众的拥护和支持。

### （二）中国共产党群众工作的历史经验

回顾我们党近 100 年的奋斗历程，在做好群众工作方面有许多值得我们吸取和借鉴的经验，其中主要有：

第一，共产党员的率先垂范是做好群众工作的基本前提。中国共产党是中国特色社会主义事业的领导核心。党的这一领导核心作用，除了靠党的正确的路线方针政策来体现之外，还有一个重要的方面就是党员先锋模范作用的发挥。没有共产党员的率先垂范，就不可能正确引导人民群众跟着共产党走，就不能保持党同人民群众的血肉联系。在革命战争年代，共产党人时时处处关心人民群众、时时刻刻为人民大众谋利益的先锋模范作用，深深地感动和鼓舞着人民群众，形成了党与人民群众的血肉联系，取得了革命战争的胜利。在经济困难时期，我们能顺利渡过难关，也正因为共产党人与人民同甘苦，共患难，时时发挥先锋模范作用。改革开放后，国际国内形势发生了广泛而深刻的变化，人民群众对党拥有更多的新期待，从而对共产党员的先锋模范作用提出了更高的要求。改革开放的实践证明，广大共产党员不负众望，做到了艰苦的工作干在前头，危难的时刻冲在前头，利益面前让在前头。正是广大党员对人民群众的正确引导和带领，才使我们的改革开放取得举世瞩目的巨大成就；正是党员的先锋模范作用，为我们党进一步密切与人民群众的血肉联系、做好群众工作奠定了坚实的思想基础和物质基础。面对新时代的新问题、新特点，共产党员应当发挥先锋模范作用，为我们党做好新形势下的群众工作贡献力量。

第二，实现好、发展好和维护好最广大群众的根本利益是做好群众工作的第一任务。回顾我们党 100 年的历史，我们党之所以能在人民群众中逐步建立起自己的崇高威信，正是因为共产党人时时刻刻、事事处处为当地当时的人民群众排忧解难，想群众之所想，急群众之所急，使群众真正享受到了实际利益。如在土地革命战争时期，我们党就已经认识到密切党群关系和做好群众工作的根本在于解决农民的土地问题。红军每到一地，打土豪、分田地。土地问题的解决，既使广大农民的积极性空前高涨，又使工农红军和根据地的发展获得了最重要的政治基础和无穷无尽的力量源泉。在抗日战争时期，我们党就已经认识到把日本帝国主义赶出中国去，把中国人民从日本帝国主义的屠刀下解救出来，是当时中国最广大人民的根本利益和根本要求。我们党倡导和实施的停止内战、一致对外，建立抗日民族统一战线的主张，深得人民群众的支持。广大人民群众不惜一切地在兵员、物资等方面全力支持抗日战争，要人有人，要粮有粮，要物有物，部队打到哪里，群众就支援到哪里，绘成了一幅十分壮观的人民抗战画卷，终于取得了抗日战争的胜利。进入改革开放以来，我们党认识到解决温饱、脱贫致富，把中国建设成为富强、民主、文明、和谐、美丽的社会主义现代化强国，是全中国人民的根本利益。我们党正确分析了我国正处于并将长期处于社会主义初级阶段的基本国情，制定了科学的基本路线。40 多年的改革开放，使我国发生翻天覆地的变化。实践反复证明，要做好群众工作，必须把实现和维护好广大群众的根本利益作为第一要务，这也是衡量群众工作好坏的一个重要标尺。

第三，善于从人民群众的实践中寻找解决问题的办法是做好群众工作的有效途径。在我们党的一切实际工作中，凡属正确的领导，必须是从群众中来、到群众中去。离开人民群众丰富多彩的实践活动，不注重和不善于总结群众的实践经验，我们的任何思想、理论、政策计划和办法都成了“无源之水”“无本之木”。正因为如此，我们党在革命、建设和改革的各个历史时期，始终尊重人民群众的首创精神，总是满腔热情地支持和鼓励人民群众在实践中涌现出来的新生事物，总是善于从人民群众的实践中发现问题、找出解决问题的办法。改革开放 40 多年来，我们取得的每一个重大理论突破，每一次社会实践的历史性飞跃，每一回重大政策的调整，都离不开人民群众的实践。如果我们党不善于从人民群众的伟大实践中汲取营养，不依据人民群众的实践活动寻找解决问题的办法，就不可能有改革开放和现代化建设的一系列正确的方针政策，就不可能把亿万人民群众发动和组织起来并使其积极参与到中国特色社会主义事业的伟大实践之中，也就不可能有中国特色社会主义事业发展的大好局面。党的群众工作决定了党的主张和路线方针政策，必须符合最广大人民的根本利益和愿望，必须能使人民群众从中看到自己能够得到的利益和享受，看到自己光明的未来和幸福的生活前景，因为人民群众是最讲实际的，人民群众对一个党的判断，不只是听其言，而且更注重观其行；不仅看其制定路线方针政策的动机，更注重看路线方针政策实施的结果。只要对人民群众有利的，人民群众就一定支持；只要对人民群众不利的，人民群众就必然反对。因此，党要做好群众工作，就必须深入人民群众之中，通过广泛的调查研究，了解人民群众的意愿和要求，并把人民群众的意愿和要求作为制定路线方针政策的基本依据，把解决人民群众生产和生活中的困难和问题作为根本任务。只有这样，才能为党的群众工作奠定坚实的基础，使党的群众工作做得扎实有效。

第四，实现党群、干群关系的制度化是做好群众工作的重要保证。制度是人们在长期的社会实践中逐步形成的具有规范性、约束力的行为准则，也是构成社会稳定的基本框架。没有规矩，不成方圆。一个组织、一个政党、一个国家、一个社会，没有制度的规范和制约，就无法保持基本稳定，无法维持正常运行。改革开放之初，邓小平同志就深刻指出，制度建设更带有根本性、全局性、稳定性和长期性，这是对长期执政积累的经验教训的科学总结。在新时代，习近平总书记也多次强调了这个观点。制度建设之所以重要是由制度本身的特征决定的。制度更具有规范性。一个好的制度，会对怎样联系群众作出明确、具体、可供操作的规定。有了规章制度，领导干部联系群众不再是随意的、个人的行为。党的任何组织和任何个人，都不得以任何理由和借口，拒绝到群众中去解决问题、接受监督。制度更具有强制性。一个好的制度，会对领导干部联系群众具有很强的约束力。有了规章制度，领导干部联系群众不再是可做可不做的事情。任何脱离群众、脱离实际的官僚主义行为，都将受到批评；任何侵害群众权益的行为，都将受到严肃处理。制度更具有稳定性和长期性。一个好的制度，会在相当长的时间里发挥作用和效力。有了规章制度，领导干部联系群众不再是短期行为。党的群众工作，虽然主要应当靠全党同志特别是各级领导干部高度的宗旨意识和为民观念，但同时也需要用制度来规范。我们党在革命建设和改革的每一历史时期，都十分重视党联系群众的制度建设。建党之初，党就作出过宣传群众、教育群众、组织群众、动员群众的决定，党的各级领导干部都曾经深入各类群众之中，去开展实实在在的工人运动、农民运动、学生运动和兵运活动、统战工作。新中国成立之后，我们党作为执政党，全心全意为人民服务的根本宗旨并没有变，宣传群众、教育群众、组织群众、动员群众，团结和带领群众为实现自身利益而奋斗的历史使命并没有变，密切联系群众的优良作风并没有丢。特别是改革开放和发展社会主义市场经济以来，面对一些党员尤其是一些党员干部脱离群众，以权谋私的违纪违法行为，我们党对密切联系群众的制度建设提出了更高的要求，把它摆到了更加重要的位置，建立了许多联系群众的制度，如：领导干部深入基层、深入群众调查研究的制度；党政领导机关的群众接待日制度；主要领导干部亲自处理群众来信来访的制度；机关干部到贫困地区锻炼和帮助工作的制度；党政主要负责人联系基层单位、贫困群众的制度；等等。这些制度继承了党的优良传统，符合新的实际，实践证明对于密切联系群众是行之有效的，要坚持执行并不断完善。

### （三）新时代加强和改进群众工作的重大意义

新时代、新要求，做好新时代群众工作、永远同人民群众心连心，党的执政基础才能坚如磐石，人民群众才能更加信任和支持。

第一，新时代加强和改进群众工作，有利于整合各种利益关系，不断化解社会矛盾、维护社会稳定。进入新时代，由于改革开放全面深化和经济关系不断调整，涉及群众切身利益和影响社会稳定的人民内部矛盾不可避免地大量增加，这无疑加大了执政党利益整合的难度。正确认识和处理涉及群众切身利益的人民内部矛盾，一方面要靠全面深化改革来解决，另一方面要靠党的卓有成效的群众工作来化解。如果我们不注重做好群众工作，漠视群众利益，不能以积极的态度化解矛盾，对群众的合理要求置若罔闻，或者对群众没有感情、态度生硬、方法简单，就有可能引发一些群体性事件，影响整个社会的稳定。因此，我们必须十分注重协调和处理好人民内部的各种利益矛盾，进一步加强和改进群众工作。

第二，新时代加强和改进群众工作，有利于适应我国社会阶层的新变化，巩固党执政的阶级基础与群众基础。我们党作为社会主义国家的执政党，其执政的社会政治基础主要有两个：一个是以工人阶级为中坚的工农联盟，即通常所说的阶级基础；另一个是社会各个阶层的群众，即通常所说的群众基础。随着新时代改革的深入特别是利益格局的变动，我国社会阶层已经而且还将发生新的变化，不仅有工人阶级、农民阶级这两大基本阶级，而且还出现了诸如个体劳动者、私营企业主、自由职业者、受雇于外资企业的科技人员等具有不同经济地位、社会地位和不同利益特点的多层次的新兴阶层。这些新兴阶层具有较强的经济实力，随着改革的深入人数还在不断增加。他们和广大工人、农民一样，都是中国特色社会主义事业的建设者，是我们党实现宏伟目标所依靠的巨大力量。这就要求我们在着眼依靠工农两大基本阶级并相应做好有关工作的同时，必须把团结新兴阶层、拓展群众基础进一步突出出来。要按照党是中国工人阶级先锋队、同时是中国人民和中华民族先锋队的要求，以科学的态度积极做好巩固党执政的阶级基础和群众基础的工作，加强与各阶层人民群众的密切联系，调动各个方面的积极性，把包括新兴阶层在内的最广大人民群众团结和凝聚在党的周围，使党拥有更加广泛的群众基础，从而更好地贯彻执行党的理论、路线、纲领、方针、政策和完成各项任务。

第三，新时代加强和改进群众工作，有利于改进工作方法和领导方法，提高党的执政水平和领导水平。改进工作方法和领导方法，是提高党的执政水平和领导水平的重要一环。实践反复证明，正确的主张必须与良好的工作方法结合起来才能实现。随着全面深化改革开放的不断推进和经济社会的不断发展，广大人民群众的思想观念发生了很大变化，知识水平在不断提高，政策观念、效率观念、公平竞争观念和民主意识、参与意识、自主意识、维权意识在不断增强。这种变化，对我们的工作方法和领导方法提出了新的要求。过去那种单纯靠行政手段、搞强迫命令、“通不通，三分钟；再不通，龙卷风”的老套套再也行不通了。

只有不断学习和掌握新时代做好群众工作的本领和方法，来解开群众的思想疙瘩，来化解各种社会矛盾，以极端负责的态度做好与群众利益密切相关的各项工作，才能赢得群众的信任，取得群众的理解和支持，在困难面前和人民群众同心协力，共渡难关，把我们的工作做得更好。

第四，新时代加强和改进群众工作，有利于我们党经受住长期执政的考验。执政党的地位，容易使一些党组织和党员产生忽视群众工作的倾向，使党脱离群众的危险大为增加。由于党掌握着政权，我们可以把各种资源都利用、调动起来，为群众谋利益，同时也带来了权力的蜕变，而且执政的时间越长，其危险性也就越大。改革开放以来，党的基本路线和方针政策符合人民利益。但同时也必须看到，在党的自身建设上确实存在着许多新问题、新情况。比如，党内存在着思想不纯、政治不纯、组织不纯、作风不纯的问题。这些问题与诸多社会矛盾交织在一起，使许多矛盾更容易被激化，甚至对党的执政地位构成潜在威胁。“水可载舟，亦可覆舟。”只有切实加强和改进群众工作，才能启发群众的觉悟，使他们正确理解党的路线方针政策，增强他们对党的政治认同，使他们真正起来监督党和政府及各级领导干部，减少执政风险，巩固执政地位。

## 二、党的主张得到人民群众的理解、接受、支持和拥护

党的群众工作，从本质上讲就是把党的主张、党的路线方针政策宣传到群众的心里，化为群众的实际行动，使党的主张得到人民群众的理解、接受、支持和拥护，使党的主张和路线方针政策得到贯彻落实。新时代年轻干部要提升做好群众工作的能力，就必须准确把握群众工作面临的新形势、新问题。

### （一）中国社会群体的分化和变化

年轻干部做好群众工作，提升群众工作能力，密切党群关系，必须对当前的党群关系有一个科学、客观的评判，认清党群关系面临的新形

势，找出党群关系中存在的新问题，并以解决这些问题作为党的群众工作的出发点。

第一，工人队伍的现状和新变化。工人队伍的知识化程度迅速提高。在我国生产资料私有制的社会主义改造基本完成以后，我国知识分子已经成为工人阶级的一部分。特别是在社会主义现代化进程中，随着科学技术发展和在企业的广泛运用，工人阶级不只是从事物质资料生产的体力劳动者，而是越来越知识化。这说明，工人的“大老粗”形象已经发生质的嬗变，知识分子在工人阶级队伍中所占的比例越来越大。工人队伍迅速壮大。近年来，我国每年新增城市就业人口急剧增加，这些人口大多数加入工人队伍中。越来越多进城务工的农民，也转化为工人队伍的一部分。改革开放以前，我国实行单一按劳取酬的分配制度和统一的工资标准，职工收入差距不大。现在，在工人队伍中，逐步产生了普通工人群体、知识分子群体、机关公务员群体、企业经营管理者群体和包括下岗工人在内的特殊困难群体等不同的利益群体。在计划经济时期，实行单一的国有企业就业选择，职工基本上是一次就业定终身，职业生活相对稳定。在市场经济条件下，就业岗位和就业形式多样化，企业内部的劳动关系逐步向契约、市场化方向发展。各企事业单位普遍实行劳动聘用合同制，职工要凭借自己的实力，通过竞争来选择职业。同时，建立企业内部劳动力市场，企业和职工可以进行双向选择。存在决定意识，在社会经济成分、组织形式、就业方式、利益关系和分配方式日趋多样化的情况下，职工思想观念、价值取向、文化认同呈现多样化趋势。

第二，农民的现状和新变化。改革开放以来，在国家发展社会进步的背景下，农民变化较为明显。对此，在进一步密切党与人民群众的关系，在做好新形势下党的群众工作的实践中，必须对农民的现状和新变化给予高度的关注。从农民的职业特征看，传统意义上的农民，是面朝黄土背朝天，终生在土地上耕作的农民。今天在农民中分化出来一些脱离了土地的新型农民。一是农民工。二是农民个体工商业者。三是农民私营企业主。即使是身在农村的农民也与传统意义上的农民有了许多差别，他们可分为农业专业大户、兼业农户、小耕农、集体农民和村干部。今日的农民不仅承担着乡村振兴的重任，而且是我国社会主义现代化建设和城市发展的重要力量。从农民的收入来源看，传统农民的收入来源只有或者说主要靠种田，而今农民的收入来源已向多元化方向发展。从农民的知识水平看，经过新中国成立后70多年特别是改革开放40多年的努力，我国农民的文化素质有了较大的提高，但中国农民整体文化知识素质仍然偏低，这种文化素质与农业、农村和农民自身的现代化进程之间产生了尖锐的矛盾。从农民的思想观念看，在改革开放和发展社会主义市场经济的历史条件下，农村的社会面貌发生了很大的变化，农民的思想观念也日趋多元化。如进城务工的农民越来越多，打破了原有的乡土为重的传统观念；从事第二三产业的农民越来越多，打破了重农轻商的传统观念；越来越多的农民相信科学，打破了迷信命运的传统观念；一部分农民靠自己的勤劳先富起来，打破了平均主义的传统观念；农民群众的政治参与意识和民主法制观念不断增强，打破了原有的对政治事务消极的传统观念等。因此，必须根据社会生产力和我国社会发展的客观要求，加强党在农民群众中的工作。

第三，城市、城镇居民与社会群体的现状和新变化。改革开放以来，随着社会主义市场经济的发展，我国社会阶层的重要变化在城市和城镇表现得更为突出。随着城市、城镇的不断发展和规模的日益扩大，城市、城镇居民群体出现了许多新的变化：一是城市、城镇居民职业层次呈现多元化，特别是出现了一个新社会阶层。新社会阶层同我国的工人、农民一样，都是中国特色社会主义事业的建设者，是我们党执政的重要群众基础。因此，我们党要充分信任和依靠在解放和发展生产力过程中具有积极性、创造性和主动性的，能够带头致富的新社会阶层，要鼓励和引导他们为经济社会发展多做贡献。二是城市、城镇居民社会群体之间的收入差距日益扩大，而且还有继续拉大的趋势。一方面，随着我国分配制度和政策的不断改革，形成了一部分拥有较多资产或财产的新社会阶层，构成了我国今天的高薪、高收入阶层。同时，城市、城镇中某些垄断行业的工作人员也都有着比较高的薪酬。另一方面，也出现了城市、城镇社会弱势群体和困难群体。三是城市、城镇劳动者的流动性突出，尤其是大量农民工涌入城市和城镇劳动者队伍之中。在城市、城镇劳动者中，“跳槽”已经成为一种屡见不鲜的现象。特别是在进城就业的农民工中，虽然有相当一些人已经在工作和生活方式方面融入了城市，但因为我国现有的户籍管理制度等政策性因素，他们不能与有城市、城镇户口的市民一样享受政府和社会的“阳光”，因而他们在工作岗位的流动和转换方面也没有太多的顾虑，更何况还有相当一些人是农忙时回家耕作、收获，农闲时进城打工的农民工，他们的工作流动性更大，甚至有些就是进城后再现找工作，能干几天算几天。还应看到的问题是，农民工权益受损害的现象时有发生，有人“拉家带口”进城，孩子上学无保障，于是就有了社会治安、农民工社会保障、农民工子女上学、农民工的公平待遇等一系列问题。虽然在这方面近年来我们党和政府已经高度关注，但要真正从根本上解决好农民工的工作和生活保障，还需要进一步深化城市改革，加快城镇化建设。同时，体现城市、城镇劳动者流动性的还有大量的“漂泊”大学毕业生。他们大学毕业以后，一般就不再回农村了，但城市、城镇就业一时又不好办，长期稳定的工作更不好找，因此他们只能打一天工挣一天钱，在流动中寻求获得稳定岗位的机遇。四是民间组织专职人员大量出现。尤其进入新时代以来，各类民间组织呈现快速健康发展的局面。民间组织的蓬勃发展，也吸纳了大批人员就业。当然，民间组织在今后的发展中还需要进一步健全和规范，特别是要防止国内外一些人借民间组织对人民进行思想文化及宗教渗透，保证国家安全和社会稳定。五是社会无业人员，甚至违法犯罪人员带来社会问题。改革开放 40 多年来，由于国家经济社会发展还很不平衡，国家财力不够以及社会一直处于转型期，我国的城市、城镇和乡村，一直存在着一个数量众多的社会无业人员阶层，使得社会治安问题突出，带来一系列社会问题。

### （二）中国社会群体分化变化给党的群众工作提出了新要求

对中国社会群体的分化和新变化的新认识，是我们党做好新时代群众工作的新起点。年轻干部要充分看到党的群众工作的新问题和新要求，把党的群众工作做得扎实有效，夯实党的执政基础。

第一，党的群众工作地位和意义的新要求。党的群众工作，是我们党的领导和执政的前提和基础，是一切工作的出发点和归宿，是党能否经受住各种风险考验的决定性因素。在新时代，我们认识党的群众工作的地位和意义，必须从社会群体分化出发，上升到巩固党的执政基础的高度去认识。这首先是因为，得民心者得天下。处理好党与民众的关系，充分调动和依靠人民群众是任何政党都要遵循的一般规律，更是执政的中国共产党必须遵循的特殊规律及其要求。这是由我们党的根本性质、宗旨和奋斗目标决定的。我们党领导的事业，其特殊之处在于它是人民群众的事业，正是这一特点决定了共产党人的事业一刻也不能离开广大人民群众的自觉参与。充分调动和组织广大人民群众全身心地参与这一伟大的事业，是党的群众工作的目标和任务之所在，也是我们执政的全部工作目的之所在。同时它也足以说明在我们党执政条件下群众工作极端重要的地位和作用。

在社会群体不断分化的条件下，党的群众工作必须顾及各部分群体和各个层面，使各个群体和各个层面能够在中国共产党的领导下形成建设中国特色社会主义的强大力量，为我们党继续执政、长期执政奠定坚实的群众基础。可见，党的群众工作是共产党执政的基础性、长期性、战略性、全局性、根本性工作。因此，一定要高度重视并有效解决当前在群众工作中仍然存在的一些不容忽视的问题。如一些党员干部宗旨观念淡薄，摆不正与人民群众的关系，把个人名利看得过重，缺乏为人民服务的精神和热情，有的甚至跌入贪污腐败的泥坑；在一些部门和单位，形式主义、官僚主义严重，违背群众愿望、侵害群众利益的现象时有发生等。这就提醒我们，加强宗旨观、群众观、权力观教育，引导广大党员干部进一步牢固树立全心全意为人民服务的意识，始终坚持党的群众路线，努力做到立党为公、执政为民，是一项必须抓紧抓好的重大任务。

第二，党的群众工作目标和内容的新要求。群众工作是党联系群众的主要方式和党的中心工作的实现方式。社会群体的不断分化，使得各个群体之间的具体利益诉求有了很大差别。但不论差别多大，其对我们党的共同的期待就是把工作做实，领导人民群众把我国建设成为富强、民主、文明、和谐、美丽的社会主义现代化强国，这就要求党的群众工作必须在具体的目标和内容上适应社会群体分化的现实。从根本上说，党要代表人民群众治国理政，就要紧紧依靠人民群众，始终代表人民群众的利益和要求，最大限度地调动广大人民群众的积极性和创造性，坚持和发展中国特色社会主义，把各个阶层、各个社会群体的经济利益、政治利益、文化利益和社会利益实现好、发展好、维护好。在这样的总目标之下，克服在以往群众工作中对目标和内容的把握上经常出现的“空”“虚”的问题，突出实效性，时刻注意把实现和维护人民群众的根本利益作为群众工作的第一要求，注意正确认识和处理群众工作的长远目标和近期目标的关系，尤其要特别重视人民群众的现实利益。要坚持从人民群众的实际出发的原则，把群众的利益、愿望和现实状况作为最大的实际，使群众工作一刻也不脱离人民群众的实际；要始终坚持把调动一切积极因素作为群众工作的目标，认真、谨慎地处理好各种社会矛盾，积极整合各种社会力量，坚决反对群众工作中简单化的倾向，充分发挥群众工作应有的社会作用。特别需要强调的是，在群众的各方面利益中，经济利益是基础，也是最重要的利益。因而做实群众工作，就要抓住群众的经济利益这个关键，使广大群众尽快富起来。

第三，党的群众工作运行机制的新要求。群众工作要渗透到党的各项工作中，才能发挥其应有的社会作用。在社会群体分化日益加剧的条件下，必须探索全新的群众工作方式方法并且逐渐形成新的群众工作运行机制。这种全新的群众工作方式方法应当是符合新的时代和历史条件要求的，能够充分发挥群众工作功能和作用的方式方法。它应当是以“结合渗透”为根本特征的，同制度和体制的力量相适应、同政府管理社会和服务群众的职能相统一，以结合渗透方式、教育引导方式、沟通协商方式、群众自治方式、社会救助方式和典型示范方式等为主要方式方法，并且要逐步形成与我们党的执政方式、领导体制和运行机制相适应的群众工作运行机制。这种运行机制应当具有目标性、客观性、整合性、能动性等特点，包含群众工作主体机制、目标机制、动力机制、控制机制和保障机制等内在统一的工作运行机制。

现代社会的社会关系是多种多样、错综复杂的。特别是我国当前处于社会转型时期，各种社会要素处于不断的分化和重组之中，社会关系更为复杂和多样化。能不能整合好各种错综复杂的社会关系，关系到人民的团结、国内各民族的团结，关系到整个社会的凝聚力大小和人心向背，关系到我们党能不能团结和带领全体人民沿着中国特色社会主义道路继续前进。建立新形势下群众工作的运行机制，目的是对各种有不同利益诉求的社会群体进行整合，进而有效地整合社会，引导各个社会利益群体以理性、合法的形式表达自己的利益诉求，妥善处理好方方面面的利益关系特别是利益矛盾，促进各种社会力量的良性互动。特别是在社会阶层的分化、重组与民众的政治参与、社会生活参与的积极性越来越高涨的条件下，各个社会群体都强烈地要求通过各种形式和渠道表达自己的利益诉求、愿望和意见，因而建立党的群众工作新的运行机制显得尤为重要和紧迫。

### （三）做好群众工作的新情况、新问题、新要求

在新时代，形势的新变化、人民群众对党的新期待，必然使党的群众工作面临许多新情况和新问题。能否正视党的群众工作面临的新情况、新问题，做好新形势下的群众工作，是对中国共产党执政能力的严峻考验。

第一，改革开放以来我国社会生活发生了广泛而深刻的变化。群众工作面临的新情况、新问题，从根本上说源于改革开放以来我国社会生活所发生的广泛而深刻的新变化。一是随着社会经济成分、组织形式、就业方式、利益关系和分配方式的日益多样化，不同经济区域、不同利益群体之间竞争与合作的矛盾冲突经常发生，特别是一些人非法致富，严重地损害了多数人的利益，致使一些地区、行业和社会阶层的收入差距拉大，一部分人生活陷入困境，从而使协调各种利益关系变得越来越

困难。二是人民内部矛盾日益多样化、复杂化，时常出现激化的情况。随着收入差距的扩大、社会保障制度不健全、城市和基础设施建设的征地和拆迁等，都会涉及不少人的切身利益，都会成为各种矛盾的诱因。这使得新时代人民内部矛盾呈现多样性、复杂性，处理不当，就会酿成群体性事件。三是随着信息网络化的迅速发展，随着国际间各种社会思潮的相互激荡，群众思想和行为的独立性、选择性、多变性、差异性明显增强，影响群众思想和行为的因素与渠道也越来越复杂多样，不同思想观念、不同民俗习惯之间排斥与相容的矛盾冲突也会经常发生，使党的群众思想工作面临更加复杂的环境。四是党的自身建设方面存在思想不纯、政治不纯、组织不纯、作风不纯的问题，党的基层组织和党的工作在许多方面不适应新形势的变化等问题，都在一定程度上损害了党在群众中的威信和形象，损害了群众利益，造成了党群、干群关系紧张，削弱了群众工作的效果。如果党的群众工作不能适应新情况、新问题而有所创新和突破，就有可能使党丧失执政的群众基础。

第二，增强做好新时代群众工作的针对性和实效性。在群众工作面临的新情况新问题的情况下，只有做好群众工作的良好愿望还不够，还必须认真分析新形势下群众工作主客观条件的变化，积极研究群众工作的特点和规律，在继承过去好传统、好经验、好做法的同时，探索新的途径和新的方法，增强工作的针对性和实效性。

一是必须改进群众工作方法。要善于运用说服教育、示范引导和提供服务等方法凝聚和激励群众，不断提高组织群众、宣传群众、教育群众、服务群众的本领，团结带领群众一道前进。要适应形势发展的要求，针对群众思想上存在的热点、难点问题，运用群众的语言有的放矢地进行教育引导，做好释疑解惑、凝聚人心、疏导情绪、化解矛盾的工作，帮助广大群众正确认识改革中出现的暂时困难，引导群众自觉地与党和政府同心同德，形成战胜各种困难和风险的强大合力。尤其是要重视与群众及社会团体的直接交流，通过深入群众听取意见，了解群众的所思所想，切实做到亲民爱民为民。要用事实说话，用实践服人，通过党员干部身体力行，发挥模范带头作用，以榜样行为宣传群众、引导群众，使广大群众认识到党的路线方针政策是完全正确的，从而自觉地拥护和赞成党的主张，共同为完成党的任务而奋斗。所谓提供服务，就是要把解决群众的思想问题同解决群众的实际问题有机结合起来，始终把群众的利益放在第一位，深入到基层和群众中去，细心体察群众愿望，倾听群众呼声，关心群众疾苦，尽心尽力帮助群众解决生产生活中的实际困难，把党和政府的关怀送到群众的心坎上。

二是必须妥善处理好各阶层群众的利益关系。在城市，要特别解决好特困群体问题。建立健全社会保障体系，构筑横向到边、纵向到底、措施到位、责任到人的社会关怀网络和体系，做到应保尽保。要在深化改革的进程中，充分考虑社会的承受能力，涉及群众切身利益的重大改革措施更是要慎重周全，条件不成熟不能操之过急；需要部分群众牺牲眼前利益时，要取之有据，取之有度；一时难以解决的问题要耐心细致地向群众劝导说服，解疑释惑，消除其消极情绪，防止因思想工作不到位而引发矛盾。在农村，要解决好农民增收问题。发展农村经济，增加农民收入，事关农民群众的切身利益。只有农民大幅度增收，才能使中国最广大人民共享改革成果。因此，农村基层党组织要着力解决工业化水平低、城镇化水平低、农业产业化水平低、农民组织化程度低、农民的非农化程度低、农民整体素质较低等困扰农民增收的主要问题，以增加农民收入为根本做好“三农”工作。总之，要针对不同时期群众反映最普遍、最强烈的问题，集中力量，千方百计为人民群众办实事、办好事，让人民群众得到实实在在的利益，增强群众工作的实效性。

三是必须综合运用各种手段。改革开放以来，尤其是新时代以来，我国经济社会生活发生了复杂而深刻的变化，群众工作要适应这一变化，充分利用和扩展基层各类阵地和文化设施，开展形式多样的宣传教育活动。要抓住一些特殊的契机，利用一些特色宣传教育基地，围绕党的中心工作，组织开展主题鲜明的宣传教育，以激发人民群众的爱国热情。要广泛宣传典型人物的先进事迹，弘扬社会正气，展示社会主流，以激励人们奋发向上。要围绕就业和增收，进行科技咨询、技能示范，以强化科技文化培训赋予思想政治工作新的内涵，大力提高人民群众的科学文化技术水平。要创造更多的优秀文化产品，大力建设企业文化、村镇文化、校园文化、军营文化、广场文化，使丰富多彩的文化活动深入基层、深入社区、深入群众，既可以贴近群众，了解社情民意，又能让群众在丰富多彩的文化活动中陶冶情操。要把群众工作与依法治国结合起来，强化公民道德与法制教育，举办有关法律知识培训班、专题辅导讲座和展览，进行法律法规宣传，增强人民群众的法制观念和法律意识，改善社会风气，创造一个团结稳定、积极向上的良好社会环境，不断使人民群众的生活走向科学、文明和健康。

## 三、组织群众、宣传群众、教育群众、服务群众

党的十八大报告要求，全党要提高做好新形势下群众工作的能力。党的十九大进一步要求，要增强群众工作本领，创新群众工作体制机制和方式方法。习近平总书记要求，我们要适应新形势下群众工作新特点新要求，深入做好组织群众、宣传群众、教育群众、服务群众工作，虚心向群众学习，诚心接受群众监督，始终植根人民、造福人民，始终保持党同人民群众的血肉联系，始终与人民心连心、同呼吸、共命运。面对新时代新要求，要面对面、心贴心、实打实做好群众工作，把人民群众安危冷暖放在心上，雪中送炭，纾难解困，扎扎实实解决好群众最关心最直接最现实的利益问题、最困难最忧虑最急迫的实际问题，在做好群众工作的实践中不断提升群众工作的能力。

### （一）牢固树立马克思主义群众观点

继承和发扬党的密切联系群众的优良传统，不断强化年轻干部的群众观念，自觉坚持党的群众观点和群众路线，是新时代做好群众工作的一项重要而紧迫的政治任务。

第一，以坚持科学理论武装为基础，增强党的先进性意识和执政为民意识，端正对人民群众的态度，建立起对人民群众的深厚感情。对待人民群众的态度和感情问题是群众观念的灵魂。只有满怀爱民之心，才

能恪守为民之责、善谋富民之策、多办利民之事。没有对人民群众的真情实感，就不可能有群众观念，不可能当好最广大人民根本利益的忠实代表。马克思主义充分肯定人民群众创造历史的伟大作用，认为人民群众是历史活动的主体，是社会实践的主体。从理论上弄通并真正树立起科学的唯物史观，就会更加深刻地理解马克思主义群众观点的真谛，认识保持与广大人民群众血肉联系的重要性，为群众谋利益的行动就会更加自觉主动。因此，必须坚持用马克思主义的群众观点武装全党，树立全心全意为人民服务的思想和真心实意对人民负责的精神，树立立党为公、执政为民的意识，做到心里时刻装着人民群众，凡事始终想着群众，在任何时候任何情况下都与人民群众同呼吸、共命运、心连心。

第二，以改进工作作风和工作方法为突破点，不断提高新形势下做好群众工作的能力和水平，真正为群众解难题、办实事。增强群众观念不仅要有对人民群众的深厚感情，还要有为群众解决实际问题的本领。群众往往是通过与他们自己最直接的事情来感受和体验党的温暖，从他们接触到的党员干部的作为来认识和评价我们整个党的先进性。能不能真正关心群众的疾苦，切实解决群众生产和生活的实际问题，是检验一个干部是否真正树立了群众观念的重要标志，也是能否保持共产党员先进性的重要标志。提高解决群众实际问题的能力和水平，必须树立科学的工作作风，掌握科学的工作方法。我们党的科学工作作风最重要的是密切联系群众，我们党的科学工作方法最重要的是走群众路线。具体说来，一是要牢固树立正确政绩观，做到科学执政、民主执政、依法执政，用实实在在的工作和成效努力树立为民、务实、清廉的形象，赢得群众的认同和拥护。二是要牢固树立群众利益无小事的观念，把群众利益想细做实。要以解决群众最现实、最关心、最直接的实际问题为切入点和抓手，深入实际、深入基层、深入群众，切实了解群众的所思、所盼、所求，使我们的各项决策和工作更加符合实际、更加符合群众要求，保证广大群众不断从经济社会发展中得到更多实惠。三是要正确处理党群关系中的矛盾问题，克服某些干部身上存在着的形式主义、官僚主义、命令主义作风，解决某些干部不关心群众痛痒、脱离群众甚至滥用权力、违法乱纪等问题。因此，在处理党群干群关系时，首先要从党员干部自身找原因，对于群众中出现的某些问题，不能用唯我独尊、强迫命令的简单粗暴的方法，主要是做好耐心细致的思想工作。

第三，以制度建设为保证，建立健全党员密切联系群众的长效机制，用制度和机制来调动广大干部增强群众观念，密切联系群众的积极性、主动性和创造性。要建立健全联系群众的各项基本制度，包括调查研究制度、接待群众制度、干部联系点制度、定期向群众通报重大问题制度等，确保党员干部特别是领导干部倾听群众呼声、了解群众意愿的渠道稳定畅通，保持与人民群众的经常性联系，有针对性地维护人民群众的切身利益。还必须建立健全有效的运行机制，包括考核机制、群众评议机制、监督机制、激励机制等，把每个领导干部落实联系群众制度的情况，作为工作实绩考核的主要内容，作为提拔使用的重要依据。无数事实表明，确立马克思主义群众观念，密切联系群众，是始终保持党的先进性的根本要求和根本标志，决定着党的生死存亡。只要我们党的各级组织和全体党员特别是党的领导机关和领导干部，始终保持旺盛的革命斗志，坚持和发扬党密切联系群众的优良传统和作风，不断增强群众观念，我们党就一定能始终保持同人民群众的血肉联系，永葆先进性的生机与活力。

因此，广大干部一定要充分认识到，是否以人民为中心，重不重视、善于不善于做好新时代的群众工作，是不是坚持从群众中来、到群众中去，这是衡量领导干部政治上合格不合格、工作上称职不称职的重要标志。要坚持马克思主义群众观点，自觉摆正同人民群众的关系，牢记群众是真正的英雄，永远视自己为人民的勤务员，始终把权力的运用置于人民群众的监督之下。要坚持党的群众观点和群众路线，不管现代交通工具多么发达、通信手段多么先进，都不能取代深入基层、深入群众、与群众打成一片的工作作风。要深入研究和把握新形势下群众工作的特点和规律，针对新时期人民群众思想观念、利益需求、生活方式发生的新变化，综合运用说服教育、示范引导、提供服务等方法，有效协调利益、化解矛盾、排忧解难，不断增强组织群众、宣传群众、教育群众、服务群众，团结和激励群众共同前进的本领。

## （二）牢固树立正确的权力观

以人民为中心，保持党同人民群众的血肉联系，做好新时代群众工作，关键是要树立正确的权力观。

第一，共产党的权力是人民赋予的，只能用来为人民服务。在我们党执政的70多年包括改革开放40多年，广大党员、干部坚持全心全意为人民服务的宗旨，国家面貌发生了翻天覆地的变化，人民生活水平得到了显著提高，这是人所共知的事实。但是，党内也确有一部分干部包括高级干部，把党的全心全意为人民服务的宗旨忘得一干二净，他们利用手中掌握的权力，不择手段地为自己或亲属谋取私利，贪污受贿，走私贩私，聚敛财富，过着荒淫无耻的腐朽生活。这与我们党的宗旨和性质是格格不入的，也是我们严明的党纪党法所不允许的。历史和现实反复教育我们，在执政的条件下，我们党的各级干部一定要正确行使手中的权力，绝不能把“职权”变“特权”，绝不允许以权谋私，绝不允许形成既得利益集团。认识权力的两重性，就是要防止把权力变成个人手中的特权，要防止权力的“商品化”，禁止搞权钱交易、“等价交换”，绝不允许党的干部利用手中掌握的“人、财、物”的实权，吃拿卡要，或者到处送礼、收礼，跑官、要官等。

在发展经济过程中滋生的消极腐败现象，已经成为损害党群关系的一个严重问题。实行改革开放政策，发展社会主义市场经济，搞活了经济，也为党的建设注入了活力。但是，必须清醒地看到，近年来，党员领导干部违纪违法现象，严重败坏了党的声誉，损害了党群关系。因此，必须加强对权力的监督，坚决惩治腐败。党的八大就强调“党要受监督，党员要受监督”，实质上就是强调要对执政党、对党员干部的权力进行监督。监督有党内监督、群众监督、民主党派的监督、法律监督、党规党纪的监督、国家机关的监督、舆论监督等。但最为重要、威力最大、最为经常的还是人民群众的监督。因为任何一个党员、干部都生活、工作在群众之中，谁好谁劣，谁廉洁自律受人爱戴，谁以权谋私遭人唾骂，群众一清二楚。所以，在新时代，建立和健全群众对干部权力的监督机制极为重要。

第二，树立正确权力观，着力解决党内存在的腐败问题。全面落实党的十九大关于反对腐败斗争的精神，永葆共产党人清正廉洁的政治本色。反对腐败、建设廉洁政治，是党一贯坚持的鲜明政治立场，是人民关注的重大政治问题。这个问题解决不好，就会对党造成致命伤害，甚至亡党亡国。进入新时代以来，习近平总书记也反复强调党内存在的突出问题是贪污腐败、脱离群众、形式主义和官僚主义，全党要下大气力解决这些问题。习近平指出，物必先腐，而后虫生。近年来，一些国家因长期积累的矛盾导致民怨载道、社会动荡、政权垮台，其中贪污腐败就是一个很重要的原因。大量事实告诉我们，腐败问题越演越烈，最终必然会亡党亡国！我们要警醒啊！近年来，党内发生的严重违纪违法案件，性质非常恶劣，政治影响极坏，令人触目惊心。习近平要求各级领导干部，特别是高级干部要自觉遵守廉政准则，既严于律己，又加强对亲属和身边工作人员的教育和约束，决不允许以权谋私，决不允许搞特权。对一切违反党纪国法的行为，都必须严惩不贷，绝不能手软。领导干部一定要从党和国家生死存亡的高度，把树立正确权力观作为加强自律、有效抵御腐败的根本。同时，要通过加强干部教育，加强党内监督、法律监督、群众监督，建立健全权力的制约机制和监督机制，严厉惩治和有效预防腐败等措施，促使广大年轻干部树立正确的权力观，为人民掌好权、用好权，做到权为民所用、情为民所系、利为民所谋。

### （三）正确调整深化改革中的利益格局和利益矛盾

我国改革开放多年的历程充分证明，改革开放是决定中国命运的一招，是坚持和发展中国特色社会主义的必由之路。

第一，改革就是利格局的调整。以改革开放为鲜明特征的新的革命，必然带来各种利益关系和利益格局的深刻调整，使人民内部的利益矛盾出现新的情况，并带有过去不曾有的复杂性。既然经济成分和经营方式多元化，利益主体就必然多元化；既然要实行按有效劳动分配利益以提高效率，那么人们的收入就必然拉开差距；既然要实行市场竞争，那么必然会出现一些人的利益增加或受损等问题。如处理不当，一些利益矛盾就会尖锐地表现出来。为此，必须正确调整改革中的利益格局，妥善处理和协调各种利益矛盾。这既是改革顺利进行的保证，又成为做好新形势下群众工作的重点。改革的根本目的是使人民群众受益，但在短期内又不可能达到所有人都满意的程度，有的甚至要作出暂时的牺牲。因此，在推进改革时，要充分注意到群众的承受能力，要正确处理改革、发展、稳定三者的关系。我们党一贯认为：群众利益高于一切，群众利益就是我们党的最大利益。凡是涉及群众的切身利益和实际困难的事情，再小也要竭尽全力去办。这就要求我们自觉地从政治的高度、全局的高度、事业成败的高度来增强群众观点，真正把为人民谋利益作为天职，把实现群众的愿望作为最大的事情。要始终把涉及群众利益的事作为大事，满腔热情地去做实做好。

第二，妥善协调各方面利益关系。党处在执政地位，党群关系往往集中表现为整体利益与局部利益、长远利益与眼前利益的矛盾。应当承认，我们的党是全心全意为人民服务的党，我们的人民政府是真正代表人民利益的政府，是为人民服务的政府。因而党与政府同人民群众之间的根本利益是一致的，但这并不排除党与政府同人民群众之间也有一定的矛盾。这种矛盾包括：国家利益、集体利益同个人利益之间的矛盾，民主同集中的矛盾，领导同被领导之间的矛盾，党和国家机关某些工作人员的官僚主义作风同群众之间的矛盾。这些矛盾在市场经济条件下又有新的变化，如果处理不当，就会影响党群关系。因此，新时期保持和发展党同群众的密切关系，必须按照统筹兼顾的原则，处理好国家、集体和个人的三者利益关系。

妥善协调各方面利益关系，要着力拓宽和疏通党的群众工作的渠道。必须着力拓宽和疏通密切联系群众的渠道，使老百姓的呼声能顺利、快速地传到领导干部的耳里，真正使“群众利益无小事”由口号变成实实在在的行动。要着力健全和完善党与群众的沟通规则。包括明确沟通内容，凡是涉及人民群众根本利益的都要与人民群众沟通；明确沟通程序，建立公示制度、听证制度、辩论制度、抽样调查制度等，以确保沟通信息的客观性、全面性、准确性；明确沟通时限，建立定期沟通制度，以确保沟通的经常性；建立及时反馈制度，以确保沟通的有效性；明确沟通责任，建立责任追究制，对不愿与群众沟通或忽视与群众沟通的，给予相应的责任追究。

妥善协调各方面利益关系，要着力保障人民群众的合法权益。一要注重维护和实现社会公平。维护和实现社会公平，不仅涉及收入分配、利益调节等经济问题，而且涉及公民权利保障、政府施政、司法公正等政治、社会问题。我们必须高度重视收入分配问题，处理好按劳分配为主体和实行多种分配方式的关系。合理调整国民收入分配格局，逐步解决地区之间和部分社会成员收入差距过大的问题。要进一步完善社会保障体系，逐步扩大社会保障的覆盖面，切实保障各方面困难群众的基本生活。要从法律上、制度上、政策上努力营造公平的社会环境，保证社会成员都能够接受教育，都能够进行劳动创造，都能够平等地参与市场竞争、参与社会生活，都能够依靠法律和制度来维护自己的合法权益。要坚决纠正损害群众利益的不正之风，重点解决当前在土地征用、城镇拆迁过程中损害群众利益的问题。二要关心群众生产生活。群众看我们的党员干部，不在于你说了什么，而在于你做了什么，给群众带来了什么。我们知道，一切空话都是无用的，必须给人民以看得见的物质福利。要继续做好就业再就业工作；继续做好扶贫开发工作；继续抓好农民进城务工就业的管理、培训和服务工作，确保农民工工资足额按时发放；采取更加有力的措施，进一步解决好群众看病难、上学难的问题；切实抓好安全生产工作，坚决遏制重特大安全事故的发生，确保人民群众生命财产安全；加强对严重危害群众健康的重大传染性疾病的防治。三要坚决遏制各种腐败现象。党内存在的腐败现象严重地侵犯了人民群众的根本利益，割裂了党与人民群众的血肉联系，严重损害了党在人民群众中的形象和对政府的信任度，必须下大力气有效遏制腐败现象，坚决惩处腐败分子。

妥善协调各方面利益关系，要加强对群众的教育引导。要在群众中深入开展党的基本理论、基本路线、基本纲领、基本经验的教育，深入进行党和国家的方针政策的教育，深入开展国情教育，深入进行思想道德教育，特别要加强民主法制教育，深入开展思想政治工作，引导和帮助群众学会运用正确的手段维护自身的合法权益。做宣传群众、教育群众的工作，要讲究方式方法，善于摆事实、讲道理，努力做到深入浅出、以理服人，使群众能听得明白、听得进去，真正产生实际效果。

### （四）切实加强基层年轻干部作风建设

党的基层干部直接活动于群众之中，不论在工作上还是在生活上，时刻处于群众的耳闻目睹之中。离开了党的基层干部的工作，党和国家的各项任务就不能完成，党和国家的路线方针政策就成了无源之水、无本之木，党与群众的联系也就没有了桥梁和纽带。因而党的基层年轻干部在做好新形势下的群众工作方面承担着十分重要的任务。如果每一位基层年轻干部都能成为让群众满意的干部，那么党的群众工作就会开创一个新的局面。

第一，基层年轻干部队伍作风现状。应当说，进入新时代，随着全面从严治党的推进，我们基层年轻干部作风状况总的讲是好的，许多优秀的基层干部为党分忧，为民费力，清正廉洁，辛勤工作，以自己的出色成绩和贡献，赢得了群众的肯定和赞扬，涌现出一大批优秀典型。没有这些基层年轻干部努力工作，中央再好的政策，也不会结下丰硕的成果，也不可能有今天改革开放取得巨大成就、人民群众安居乐业的大好局面。但是，我们也应看到，在中国特色社会主义新时代，一些基层年轻干部身上，确实存在着作风不正、不纯的问题，致使在一些地方、一些部门、一些单位出现了干群关系紧张的局面。有的基层干部对中央和上级的指示精神，阳奉阴违，符合我的口味的就执行，不合我心思的就不予理睬，使党的路线方针政策、上级的有关规定及指示精神在一些地方、部门和单位迟迟得不到贯彻落实，即使执行起来，也打了折扣，变了味道。有些基层干部，视自己为主宰，看群众为“阿斗”，心里没有群众观念，更无民主概念，好像“这个单位我是领导，就得一切听我的”，有事根本不与群众商量。一些基层干部做事只图形式，不求实效。主要的精力不是放在干事上，而是放在做表面文章上，指望通过“轰轰烈烈”的花架子，来制造出所谓的“政绩”，以求得上级的注意。一些基层干部虽然身处一线，但当官不做事，不思进取。有些干部遇到困难不是想着怎样去克服，而是怨天尤人，或者干脆“等、靠、要”，甚至有极少数的基层干部，目无党纪国法，以权谋私，腐化堕落，成为“硕鼠”，真正走到了群众的对立面。基层年轻干部只有以解决自身作风方面存在的问题为突破口，以习近平新时代中国特色社会主义思想为指导，才能成为一个真正为群众所欢迎的基层干部。

第二，切实加强基层年轻干部工作作风建设。党的十八大以来，以习近平为核心的党中央十分重视作风建设，制定了改进工作作风的“八项规定”，在实践中，习近平等中央领导同志对“八项规定”身体力行、率先垂范，为广大党员干部作出了榜样。基层干部处于党与群众联系的最前沿，基层年轻干部工作作风是群众评判党的作风最直接的窗口，是群众评判党的最直接依据。基层年轻干部的作风建设，最重要的是把群众的根本利益实现、维护和发展好。我们共产党人所做的一切，都是为了实现、维护和发展好广大人民群众的根本利益。舍此，我们的一切工作都没有意义。党的基层年轻干部是党的路线方针政策的具体实践者和落实者，广大人民群众可以从他们的工作中，直接体会到党是代表人民群众根本利益的。因此，基层年轻干部必须时刻牢记全心全意为人民服务的宗旨，时刻想着要把实现、维护和发展好群众的利益当作自己应尽的义务。当然，对于基层组织和基层年轻干部来说，实现、维护和发展好人民群众的根本利益不是一句空洞的口号，而是有着十分具体的内容的。同时，我们在实现、维护和发展好群众的利益时，还要注意教育群众正确处理好国家、集体和个人三者关系，处理好眼前利益和长远利益的关系，要有全国一盘棋的大局思想，落实好党的各项政策，努力为群众服好务，解决群众生产和生活中存在的各种困难，特别是对于困难群体，更要给予更多的关爱，帮助他们渡过难关。实干兴邦，空谈误国。于国家是这个理，于基层单位同样也是如此。基层干部办事情不仅要看动机，更要有实干精神、看实际效果。基层年轻干部要办实事、求实效，多办一些与农民、职工群众的生产和生活密切相关、看得见、摸得着的实实在在的事，不能干那些看起来轰轰烈烈、实则与老百姓没有多大关系甚至劳民伤财的“面子工程”“政绩工程”，更不能为了一己之私，不顾现实条件，好大喜功，干一些只有“政绩”、没有实效的事情。

### （五）说服教育、示范引导和提供服务

善于运用说服教育、示范引导和提供服务等方法凝聚和激励群众，不断提高组织群众、宣传群众、教育群众、服务群众的本领，团结带领群众一道前进，已成为新时代年轻干部做好党的群众工作的有效方法或主要方法。

第一，说服教育是推动群众解放思想、转变观念的必要手段。所谓说服教育，就是要适应形势发展的要求，针对群众思想上存在的热点、难点问题，运用群众的语言有的放矢地进行教育引导，做好释疑解惑、凝聚人心、疏导情绪、化解矛盾的工作，帮助广大群众正确认识改革中出现的暂时困难，引导群众自觉地与党和政府同心同德，形成战胜各种困难和风险的强大合力。尤其是要重视与群众及社会团体的直接交流，通过深入群众听取意见，了解群众的所思所想，切实做到亲民、爱民、为民。改革开放 40 多年来，我国经济社会得到了快速发展，人民群众的物质文化生活和思想觉悟有了明显提高，其根本原因在于广大人民群众在党的领导下，思想不断解放，观念不断转变，工作不断创新。人民群众思想解放、观念转变、工作创新的原因又在于党对群众的说服教育。我们常讲，思想解放没有止境，工作创新没有尽头。今天，世情、国情、党情的发展变化，仍然需要我们的党领导广大人民群众继续解放思想和开拓创新，才能跟上时代的步伐，推动我国经济社会的科学发展。因此，党对群众的说服教育一刻也不能放松。

党对群众进行说服教育的内容，一是加强党的基本路线和各项方针政策教育，使群众了解我国经济社会的发展目标和方针、措施，坚定对

改革、发展的信心。二是加强社会主义民主法制教育，使人民群众提高民主意识，正确行使民主权利，实现人民当家作主；提高法制意识，自觉遵纪守法，维护自身的合法权益。三是加强社会主义市场经济知识、现代农业科技知识的教育，使群众增强市场意识，提高从事生产、经营的能力，找到适合自身特点的致富道路。

第二，示范引导是促使群众自觉遵守国家法律和执行党的政策的有效方法。所谓示范引导，就是要用事实说话、用实践服人，通过党员干部身体力行，发挥模范带头作用，以榜样行为宣传群众、引导群众，使广大群众认识到党的路线方针政策是完全正确的，从而自觉地拥护和赞成党的主张，共同为完成党的任务而奋斗。常言道，身教重于言教。做好新时代的群众工作，必须采取言教与身教相结合的办法，通过领导以身作则、典型带动、专家指导等方式，引导群众贯彻执行国家法律和党的各项政策。示范引导要求领导以身作则。基层年轻干部是贯彻执行党的方针政策和发展经济的组织者、执行者，其表现会直接影响到群众。只有年轻干部带头执行政策，为群众作出表率，才能说服、引导群众自觉地执行政策。我们应通过示范基地建设，与群众同吃同住同劳动来带动经济社会的发展。这样，既可以锻炼干部，又可以改善党群、干群的关系。

示范引导要求典型带动。利用在实践中涌现出来的各种典型来辐射带动周边地区，这与一般的宣传、号召相比，是一种更有说服力、更有效的方法。榜样的力量是无穷的。现在，在各项工作中优秀典型不少，我们应该充分发挥这些典型的示范、带动作用。这样，就能促使“一花独放”发展为“春色满园”。示范引导也要求专家指导。专家是某一领域的行家，拥有一技之长，积累了丰富的经验教训。专家的示范引导，会给群众在创新实践中把关定向，提高创新成效。这已经为许多实践所证实。比如，在乡村振兴的实践中，农业科研机构及其专家，要在开展应用技术研究工作的基础上，大力组织科技人员参加科技示范、农业综合开发、支柱产业基地建设、科技扶贫和多种科技服务工作，促进农科教紧密结合，提高农民的科技文化知识水平和应用农业科学技术的能力，大力培养和稳定具有多种技能的农业技术推广人员，全面提高农业劳动生产率，增加农民收入，提高农民生活水平。

第三，提供服务是党密切联系群众的最好形式。所谓提供服务，就是要把解决群众的思想问题同解决群众的实际问题有机结合起来，始终把群众的利益放在第一位，深入到基层和群众中去，细心体察群众愿望，倾听群众呼声，关心群众疾苦，尽心尽力帮助群众解决生产生活中的实际困难，把党和政府的关怀送到群众的心坎上。年轻干部做好新形势下的群众工作，重点要放在解决群众关心的热点和难点问题上。要针对不同时期群众反映最普遍、最强烈的问题，集中力量，千方百计为人民群众办实事、办好事，让人民群众得到实实在在的利益。群众是社会历史的创造者。充分发挥群众的积极性和创造性是开创新时代中国特色社会主义事业新局面的基础。党的基层组织要按照管理就是服务的思想，转变职能，理顺关系，把对群众的管理寓于为群众服务之中，把对群众的管理变为为群众服务。只有这样，才能为充分发挥人民在生产中的积极性、创造性提供更广阔的空间。

积极主动地做好提供服务，主要应做好以下几个方面的工作：一是提供政策服务。根据我们党和政府的重大方针政策，结合本地区、本部门、本单位实际，制定一系列具体的配套政策，并帮助群众掌握政策、用好政策，鼓励和支持人们干成事业，使广大群众在贯彻落实政策中得到实惠。二是提供科技服务。群众在改革创新中需要什么科学技术，就要为他们提供相关的科技信息，进行相关的知识和技能培训，满足他们发展先进生产力和提高战斗力的基本要求。三是提供协调服务。从全局利益出发，发挥本单位的优势，协调各方面的关系，制订好长远规划和阶段性计划。有些事关全局的重大任务，要组织有关单位大力协同，系统挖掘各种资源潜力，为群众的创新实践提供良好的环境和智力支持。

总之，说服教育、示范引导、提供服务的群众工作方法，是互为关联的辩证统一体。说服教育是先导，示范引导是关键，提供服务是保证。只有全面运用这个方法，才能确保党的群众工作取得成效。

### （六）创新群众工作的方式方法

做好新时代群众工作，既应坚持党的群众工作的好传统、好经验，又应研究新情况、解决新问题，努力把握新形势下群众工作的特点和规律，不断创新群众工作的方式方法，切实增强群众工作的针对性和实效性。

第一，把做思想政治工作与解决实际问题结合起来。思想政治工作从本质上讲就是群众工作，是宣传群众、教育群众、引导群众的工作。应经常向群众宣传党的理论和路线方针政策、宣传国家的法律法规，帮助群众提高思想觉悟和认识水平；经常与群众沟通思想，交换意见，取得群众对工作的理解和支持。群众的许多思想问题往往与他们生产生活中的实际问题密切相关。应把解决思想问题同解决实际问题结合起来，把教育引导与提供服务结合起来，使两者相互配合、相互促进。在宣传政策、讲清道理的同时，高度重视并全力解决群众的实际困难，从直接关系群众切身利益的事情做起，从人民群众意见最大的事情改起，用服务群众、解决问题的实际行动赢得群众的信任和支持，从而增强思想政治工作的感召力和实效性。

第二，把依法办事与带着感情做工作结合起来。随着依法治国方略的不断落实和人民群众法律意识的逐步增强，坚持依法办事已经成为做好新形势下群众工作的基本方法。应搞好普法宣传，加强法制教育，让广大群众掌握法律知识，增强法律意识，自觉遵纪守法，不断提高运用法律武器维护自身权益的能力。对那些滥用权力与民争利、损害群众利益的行为，要依法严肃查处。在坚持依法办事的同时，还应带着感情做群众工作。要求群众做的事，要把道理、法律、政策向群众讲清楚，充分尊重他们的知情权和选择权；遇到问题要动之以情、晓之以理，满腔热情地帮助群众解决实际困难，让群众心悦诚服。

第三，把宣传发动与示范引导结合起来。做好新形势下的群众工作，既要通过充分的宣传发动，提高群众的认识水平和判断能力，又要通过发挥党员的先锋模范作用，调动广大群众投身改革、致力发展的积极性、主动性、创造性。党员领导干部应经常深入基层、深入群众，面对面地宣传群众、教育群众，使党的路线方针政策深入人心，成为广大群众的共同意志和自觉行动。同时，应把言传与身教结合起来，以身作则、率先垂范，以模范的行动影响和带动群众。

总之，群众工作是党的生命，坚定不移地做好群众工作是我们党一切胜利的根本。在中国特色社会主义新时代，年轻干部务必要提高群众工作能力，把广大人民群众团结在党周围，带领广大人民群众为实现目标努力奋斗。

## 拓展阅读

### 正确处理新形势下的人民内部矛盾[①]

（二〇〇六年十一月二十九日）

五十年前，毛主席写过一篇很著名的文章，叫做《关于正确处理人民内部矛盾的问题》。他把解决人民内部矛盾的民主方法，具体化为一个公式，叫做“团结—批评—团结”。意思就是从团结的愿望出发，经过批评或者斗争使矛盾得到解决，从而在新的基础上达到新的团结，也就是我们通常所讲的惩前毖后、治病救人。半个世纪过去了，伟人著作至今读来，对我们正确处理人民内部矛盾、维护社会稳定仍然很有启发意义。

人民内部矛盾是现阶段影响社会稳定的主要因素。星移斗转，时过境迁。与五十年前相比，目前，影响社会稳定的人民内部矛盾已经发生了很大的变化，主要表现为劳动就业、社会保障、收入分配、土地征用、房屋拆迁等带来的一系列社会问题。由于我国正处于经济高速发展期和矛盾凸显期。致使这些人民内部矛盾的表现形式更加多样，覆盖范围更加广泛，相互交织更加复杂，解决起来也更加困难。这就需要各级党委、政府和领导干部，着眼于新的形势加强学习，深刻认识和把握新

① 习近平：《之江新语》，浙江人民出版社2007年版，第237—238页。

形势下人民内部矛盾的特点、规律，探索解决矛盾的正确途径和有效方法，不断提高正确处理新形势下人民内部矛盾的本领，努力避免因为决策失误和工作不当引起群众不满，依法妥善处置群体性事件，防止局部性问题转化为全局性问题、非对抗性矛盾转化为对抗性矛盾，注重从源头上减少人民内部矛盾的发生。

“政之所要，在乎民心”。解决人民内部矛盾需要各级领导干部牢固树立群众利益无小事的观念，扎实转变工作作风，多站在群众的立场想一想，多做一些解疑释惑的工作，多做一些得民心聚民气的工作，珍惜民力民智，解决民困民难，维护民生民利，把群众工作做实做细做好。同时，要畅通民意表达的渠道，引导群众以理性、合法的方式表达诉求，不断促进党群干群关系的和谐。

# 第七章

# 提高抓落实能力，增强干事的“勇气”

2020年10月10日，习近平总书记在秋季学期中央党校（国家行政学院）中青年干部培训班开班式上的重要讲话中明确强调，年轻干部要提高抓落实能力。干事业不能做样子，必须脚踏实地，抓工作落实要以上率下、真抓实干。特别是主要领导干部，既要带领大家一起定好盘子、理清路子、开对方子，又要做到重要任务亲自部署、关键环节亲自把关、落实情况亲自督查，不能高高在上、凌空蹈虚，不能只挂帅不出征。干事业就要有钉钉子精神，抓铁有痕、踏石留印，稳扎稳打向前走，过了一山再登一峰，跨过一沟再越一壑，不断通过化解难题开创工作新局面。

## 一、抓落实是领导工作中一个极为重要的环节

“抓落实是领导工作中一个极为重要的环节，是党的思想路线和群众路线的根本要求，也是衡量党员领导干部世界观正确与否和党性强不强的一个重要标志。”① 如果落实工作抓得不好，再好的方针、政策、措施也会落空，再伟大的目标任务也实现不了。因此，抓落实能力，是领导干部能力结构中不可或缺的重要能力，是决定党和国家各项方针政

① 习近平：《关键在于落实》，《求是》，2011年第6期。

策、工作部署和措施要求能否真正落到实处、落地生根的决定性力量。

### （一）镜花水月、海市蜃楼与共产党人格格不入

蓝图已绘就，关键在落实。蓝图再好、规划再科学、措施再得力，如果领导干部没有抓落实的能力加以执行到位，只能成为镜花水月、海市蜃楼。进入新时代，习近平总书记多次强调要狠抓工作落实，要求领导干部在中国特色社会主义伟大实践中不断增强抓落实的能力。特别是当前，党和国家工作处在“两个一百年”历史交汇期，党的十九届五中全会审议通过了《中共中央关于制定国民经济和社会发展第十四个五年规划和二〇三五年远景目标的建议》，我国将迎来全面建成小康社会、实现第一个百年奋斗目标之后，乘势而上开启全面建设社会主义现代化国家新征程，向第二个百年奋斗目标进军。这些宏伟蓝图和远景目标，只能而且必须在领导干部以上率下、真抓实干中才能实现。为此，提高领导干部抓落实能力，极端重要，势在必行！

“为政贵在行，以实则治，以文则不治。”在中国历史上，有许多空谈误国的教训，比如战国时期的赵括，只会“纸上谈兵”，以致 40 万赵军全军覆没，赵国从此一蹶不振直至灭亡。历史上两晋学士“清议空谈”，也是此类误国之鉴，令人深省。“道虽迩，不行不至；事虽小，不为不成。”“空谈误国，实干兴邦。”这是千百年来从历史经验教训中总结出来的治国理政的一个重要结论。我们党坚持以马克思主义为指导，善于把远大目标、最高纲领同脚踏实地、埋头苦干紧密结合起来。建党近百年来，新中国成立 70 多年来，在革命、建设、改革各个时期，我们党和人民的事业之所以能够取得一个又一个伟大胜利，我们党在全国各族人民中之所以能够享有崇高的威望，靠的就是把马克思主义基本原理同中国具体实际结合起来形成的正确的理论和路线方针政策，靠的就是全党同志团结带领人民群众一步一个脚印地把党的路线方针政策变成认识世界和改造世界的巨大精神力量与物质力量。可见，把党的理论路线方针政策变为实践的伟力，狠抓工作落实、提高抓落实能力，在其中起着非常重要、极其关键的地位和作用。

马克思主义政党历来强调实践第一，注重工作落实。实践第一的观点是马克思主义的根本观点。马克思主义经典作家反复指出，马克思的整个世界观不是教义而是方法，它提供的不是现成的教条，而是进一步研究的出发点和供这种研究使用的方法。马克思指出，空谈和实干是不可调和的对立面，“一步实际运动比一打纲领更重要”①。列宁也指出，“生活、实践的观点，应该是认识论的首要的和基本的观点”②。他强调，少来一些政治空谈，少发一些书生的理论，多深入生活，多注意工农群众怎样在日常工作中实际地创造新事物，并一再指出要“少讲空话，多做实事”。特别是为了适应实行粮食税初期抓好新经济政策贯彻落实的需要，列宁专门写了《论粮食税》，从理论上阐明扎实抓好新经济政策落到实处的必要性和重大意义。列宁提出，抓好新经济政策的落实，各级各部门要调动起积极性、主动性和创造性，履行抓落实的责任，更好地抓好新经济政策的落实，强调“党和苏维埃机关的所有工作人员，必须全力以赴、全神贯注地培养和唤起各地方在经济建设事业中较大的主动性——省里的要大；县里的更大；乡和村里的还要大——其目的就是要迅速地振兴农民经济”③。另外，党的政治路线必须靠党的组织路线来保证。列宁强调，政策的真正落实关键在人。在他看来，抓政策落实要由得力的人、称职的人去做才能完成。党的政治领导主要是靠制定和执行正确的路线政策来实现，而正确的路线政策又是由具体的人、得力的人去执行、去落实的。在俄共（布）第十一次代表大会上，列宁鲜明提出，“这里问题的实质在于，如果取消中央调配人员的权利，它就不能指导政治”④。这说明，要抓好党的政策的落实，就必须有得力的人、称职的人去执行，这样党的路线政策才不会落空。为此他强调，现在的关键就在寻找得力的干部、称职的干部，没有这一点，一切命令和决议只不过是一些废纸而已。

① 《马克思恩格斯选集》第3卷，人民出版社2012年版，第355页。

② 《列宁全集》第18卷，人民出版社1988年版，第144页。

③ 《列宁全集》第41卷，人民出版社1986年版，第219页。

④ 《列宁全集》第43卷，人民出版社1987年版，第120页。

### （二）老一辈革命家极为重视以实干精神抓落实

毛泽东、邓小平等老一辈革命家对于以实干精神狠抓工作落实极为重视，曾作出过很多精辟的重要阐述。毛泽东要求共产党员一定要有“认真实干”的精神，强调“一件事不做则已，做则必做到底，做到最后胜利”[①]。1949 年 3 月 13 日，毛泽东在党的七届二中全会上系统阐述了党委会的十二条工作方法，并指出“领导工作不仅要决定方针政策，还要制定正确的工作方法。有了正确的方针政策，如果在工作方法上疏忽了，还是要发生问题”[②]。特别是在要“抓紧”这个工作方法中，毛泽东强调党委对主要工作不但一定要“抓”，而且一定要“抓紧”。什么东西只有抓得很紧，毫不放松，才能抓住。“抓而不紧，等于不抓。”“不抓不行，抓而不紧也不行。”[③] 1962 年 6 月 19 日，毛泽东对广州军区负责人作出指示，强调“民兵工作要做到组织落实、政治落实、军事落实；民兵武器要修理好。天上掉下来的、地下冒出来的，怎样对付，要有些办法”[④]。

社会主义伟大事业是干出来的。进入改革开放新时期，邓小平也突出强调实干精神的重要性，要“少说空话、多干实事”，凡事都“要落在实处”，指出“开会、讲话都要解决问题”，“任何好主意不会自动实现。美好的前景如果没有切实的措施和工作去实现它，就有成为空话的危险”。[⑤] 1978 年 3 月 18 日，在全国科学大会开幕式上，邓小平指出，路线是非基本澄清了，规划制订了，措施提出来了，群众已经发动起来了。现在，摆在我们各级党组织面前的事情，就是要鼓实劲，要切实解决问题，要踏踏实实地工作。他同时强调，“一句话，就是要落在实处。追求表面文章，不讲实际效果、实际效率、实际速度、实际质量、实际

---

① 中共中央文献研究室编：《十七大以来重要文献选编》（下），中央文献出版社 2013 年版，第 196 页。

② 《毛泽东选集》第 4 卷，人民出版社 1991 年版，第 1440 页。

③ 《毛泽东选集》第 4 卷，人民出版社 1991 年版，第 1442 页。

④ 《毛泽东军事文集》第 6 卷，军事科学出版社、中央文献出版社 1993 年版，第 393 页。

⑤ 《邓小平文选》第 2 卷，人民出版社 1994 年版，第 283、110 页。

成本的形式主义必须制止。说空话、说大话、说假话的恶习必须杜绝”①。同年5月7日，在会见马达加斯加政府经济贸易代表团时，邓小平提出世界上先进技术发展很快，发展速度不是用年来计算，而是用月、用日来计算的，而我国工农业产品的产量和国民收入按人口平均来算还是比较低的，要实现四个现代化，“我们的口号是少说空话，多做工作”②。党的十三届四中全会产生了党的新的中央领导集体。新的中央领导集体根据党和国家实际情况，制定了不少好的方针、政策。1990年6月6日，陈云在同中央负责同志的谈话中，明确强调我们党制定了不少很好的方针政策，“现在的关键是要抓落实”③。为了说明这个问题，他还举了三年困难时期我们党动员城市两千万人下乡等例子作了说明，为新的历史条件下抓好落实奠定理论基础。

### （三）新的历史阶段党的主要领导同志依然高度强调抓落实问题

党的十三届四中全会之后，我国的经济社会发展又一次进入新的历史阶段。面对社会主义建设的新形势，江泽民同志强调，“正确的决策制定出来以后，必须抓好落实”，“现在看来，最重要的问题在于落实”，“要落实、落实、再落实，因为这是做好一切工作的关键环节”，“能否抓好落实，从根本上说是个党性问题，工作指导思想问题”④。“落实，落实，再落实，因为这是做好一切工作的关键环节。”⑤“各级干部都要做老实人、说老实话、办老实事”，“各个部门都要有务实的作风，再好的主意，不落实等于是空的。抓而不实，等于不抓”，“我们领导者的责任，首先要正确决策，在决策作出以后，就要狠抓落实，干实事，求实

① 《邓小平文选》第2卷，人民出版社1994年版，第99—100页。

② 中共中央文献研究室编：《邓小平思想年谱：1975—1997》，中央文献出版社1998年版，第64页。

③ 《陈云文选》第3卷，人民出版社1995年版，第376页。

④ 江泽民：《论党的建设》，中央文献出版社2001年版，第148页。

⑤ 江泽民：《论党的建设》，中央文献出版社2001年版，第150页。

效，不尚空谈”①，“不要在层层表态、层层开会、层层造声势上做文章，而要在层层抓落实、层层抓解决问题上下功夫”②。为此，他强调抓好工作落实，就要切实转变领导作风，注意改进工作方法，必须建立各级领导机关和领导干部的严格的责任制，必须坚持实事求是的思想路线，发扬务实的领导作风，关键是要首先抓好干部的选拔和培养教育，等等。

党的十六大之后，以胡锦涛为总书记的新一届中央领导集体，强调要大力倡导真抓实干、务求实效的良好风气，指出各级领导干部要发扬求真务实精神、大兴求真务实之风，增强工作责任感和紧迫感。他提出，“要坚持实现远大目标和切实做好当前工作的统一，坚持发扬共产党人的革命精神和坚持科学务实态度的统一，脚踏实地，埋头苦干，讲实效，办实事，坚决反对形式主义和官僚主义”③。需要特别强调的是，2004 年 1 月 12 日在十六届中央纪委三次全会上，胡锦涛指出，我们经常面临的一个突出问题是：从中央到地方为推进事业发展提出的好思路、好政策、好措施不少，但很多事情提出来后往往只是热闹了一阵，并没有真正落实，也没有达到预期效果。追根寻源，重要原因还是由于没有做到求真务实。我们必须从确保党的路线方针政策全面贯彻执行、确保党和国家发展目标顺利实现的高度，把抓落实问题十分严肃地提到全党面前。“现在的关键就是要一项一项抓好落实。”④ 在这次全会上，胡锦涛还明确强调在抓落实的过程中要注意处理好局部和全局、眼前和长远、继承和创新这三对关系，指出既要坚持从本地区本部门实际出发，创造性开展工作，注意克服脱离实际、照本宣科的教条式做法，又要牢固树立全局观念，增强在大局下行动的自觉性，坚决杜绝“上有政策、下有对策”的不良现象；既要抓紧解决当前经济社会发展中亟须解决的突出矛盾和问题，切实提高工作效率，认真纠正推诿扯皮、办事拖

① 江泽民：《论党的建设》，中央文献出版社 2001 年版，第 150—151 页。
② 江泽民：《论党的建设》，中央文献出版社 2001 年版，第 545 页。
③ 《胡锦涛文选》第 2 卷，人民出版社 2016 年版，第 10 页。
④ 《胡锦涛文选》第 2 卷，人民出版社 2016 年版，第 159 页。

拉的衙门作风，又要着眼未来发展，建立长效机制，追求长期效果，坚决防止急功近利、寅吃卯粮的短期行为；既要坚持和发扬行之有效的好传统、好经验、好做法，又要根据新形势新任务要求，积极推动各项工作与时俱进，坚决克服不思进取、墨守成规的观念和行为。

总之，毛泽东、邓小平等老一辈革命家和党的主要领导同志作出的这些重要论述，把抓落实的重要意义、基本要求、基本方法都阐述得很清楚、很深刻，都鲜明强调要引导广大党员干部特别是各级领导干部，紧密结合我国实际情况，坚持讲实话、出实招、办实事、务实效，把工作着力点真正放到研究解决影响党和国家事业发展的重大问题上，放到研究解决群众生产生活中的紧迫问题上，放到研究解决党的建设中的突出问题上，坚持以求真务实、崇尚实干精神去抓落实，并在抓落实的实践中不断提高党性、提高能力。这些重要论述，对于新时代领导干部抓好落实、提高抓落实本领能力，都具有非常重要的理论价值和现实意义。

## 二、一分部署，九分落实

进入新时代，以习近平同志为核心的党中央，面对当今世界百年未有之大变局，面对中华民族伟大复兴的战略全局，面对波诡云谲的国际形势、浩浩荡荡的时代潮流、艰巨复杂的改革发展稳定任务、“三大攻坚战”的决战决胜、“两个一百年”奋斗目标的顺利实现、“十四五”规划的落实落地、不确定性不稳定性的新问题新挑战等，发表了一系列重要讲话，更加明确提出各级领导干部要狠抓工作落实，提高抓落实的能力水平。特别是习近平总书记关于抓落实发表的一系列重要论述，为新时代领导干部提高抓落实能力指明了重要方向，提供了根本遵循。

### （一）要把抓落实摆在突出位置

抓落实是领导工作的一个基本环节，也是各级领导干部的一项重要职责。决策部署作出以后，对领导干部来说，最重要的莫过于求真务实、狠抓落实。早在主政浙江时期，习近平同志就要求把“抓落实摆上重要位置，做到落实、落实、再落实。实践表明，抓而不紧，等于不抓；抓而不实，等于白抓。抓好落实，我们的事业就能充满生机；不抓落实，再好的蓝图也是空中楼阁。能否做到狠抓落实，是否善于狠抓落实，这是衡量领导干部作风、能力、水平的重要标志”[①]。强调正确的战略需要正确的战术来落实和执行，落实才能出成绩，执行才能见成效。做任何一项工作，我们不能浅尝辄止、虎头蛇尾，而要真抓实干，善作善成。“抓而不成，不如不抓。”[②] 在党的十八届五中全会第二次全体会议上，习近平总书记再次强调，要加强对编制“十三五”规划纲要和专项规划的领导，落实《中共中央关于制定国民经济和社会发展第十三个五年规划的建议》确定的发展理念、主要目标、重点任务、重大举措，特别是要围绕贯彻五大发展理念提出具体措施和指标，就“要把抓落实摆在突出位置”[③]，制定具体方案，明确责任分工，防止任务落空，坚决克服“规划规划、墙上挂挂”，“规划是一套、做起来是另一套”的现象。

### （二）抓落实首先要抓责任落实

干事业不能做样子，必须脚踏实地，抓工作落实。党中央作出的各项决策部署，领导干部在抓落实的时候，要有时间表，要有责任清单，一项一项抓落实，以多种形式督促检查，这样才能指导和帮助各地区各部门分解任务、落实责任。习近平总书记明确指出，抓落实首先要抓责任落实。党的十八大以来，在深化党和国家机构改革、加强和改善党对“三农”工作的领导、决战脱贫攻坚战、打赢新冠肺炎疫情人民战争等重大工作中，习近平总书记都明确强调各级领导干部要抓责任落实，以上率下、真抓实干，特别是主要领导干部，既要带领大家一起定好盘

① 习近平：《之江新语》，浙江人民出版社 2007 年版，第 32 页。

② 习近平：《之江新语》，浙江人民出版社 2007 年版，第 88 页。

③ 中共中央文献研究室编：《十八大以来重要文献选编》（中），中央文献出版社 2016 年版，第 836 页。

子、理清路子、开对方子，又要做到重要任务亲自部署、关键环节亲自把关、落实情况亲自督查，不能高高在上、凌空蹈虚，不能只挂帅不出征。在加强党对深化党和国家机构改革的领导上，习近平总书记强调，各省区市要按照党中央要求，强化领导责任，主要负责同志要当好第一责任人，一级抓一级，健全领导机制，抓好本地区机构改革谋划和组织实施。党政主要负责同志是推动机构改革的第一责任人，要做到重大方案亲自把关，关键环节亲自协调，落实情况亲自督察，扑下身子、狠抓落实，扭住关键、精准发力。在加强和改善党对“三农”工作的领导上，习近平总书记指出，要建立实施乡村振兴战略领导责任制，实行中央统筹、省负总责、市县抓落实的工作机制。在打赢新冠肺炎疫情防控的人民战争、总体战、阻击战中，习近平总书记指出，各级党组织要认真履行领导责任，特别是抓落实的职责，把党中央各项决策部署抓实抓细抓落地，让党旗在疫情防控斗争第一线高高飘扬。

实践证明，“抓工作，要有雄心壮志，更要有科学态度”[①]。特别是在打赢脱贫攻坚这场硬仗中，习近平总书记强调，脱贫攻坚务求实干，不搞花拳绣腿、不搞繁文缛节、不做表面文章。凡是有脱贫攻坚任务的党委和政府，都必须倒排工期、落实责任，抓紧施工、强力推进。为把这些要求落到实处，要层层签订脱贫攻坚责任书、立下军令状。有脱贫任务的省区市，要根据实际情况作出相应安排，“层层压实责任，级级传导压力”。打赢脱贫攻坚战不是搞运动、一阵风，要真扶贫、扶真贫、真脱贫，要经得起历史检验。攻坚战就要用攻坚战的办法打，关键在“准”“实”两个字。只有打得准，发出的力才能到位；只有干得实，打得准才能有力有效。为此，要做到“四个实”：领导工作要实，做到谋划实、推进实、作风实，求真务实，真抓实干；任务责任要实，做到分工实、责任实、追责实，分工明确，责任明确，履责激励，失责追究；资金保障要实，做到投入实、资金实、到位实，精打细算，用活用好，

① 中共中央文献研究室编：《习近平关于社会主义经济建设论述摘编》，中央文献出版社2017年版，第233页。

用在关键，用出效益；督查验收要实，做到制度实、规则实、监督实，加强检查，严格验收，既不拖延，也不虚报。

### （三）以钉钉子精神做实做细做好各项工作

习近平总书记在党的十九大报告中明确指出，增强狠抓落实本领，坚持说实话、谋实事、出实招、求实效，把雷厉风行和久久为功有机结合起来，勇于攻坚克难，以钉钉子精神做实做细做好各项工作。在2020年秋季学期中央党校（国家行政学院）中青年干部培训班开班式的讲话中，他再次强调，“干事业就要有钉钉子精神”[①]，抓铁有痕、踏石留印，稳扎稳打向前走，过了一山再登一峰，跨过一沟再越一壑，不断通过化解难题开创工作新局面。其实，早在主政浙江期间，习近平同志就强调抓落实犹如在墙上敲钉子：钉不到点上，钉子要打歪；钉到了点上，只钉一两下，钉子会掉下来；钉个三四下，过不久钉子仍然会松动；只有连钉七八下，这颗钉子才能牢固。实践证明，首先，抓落实要抓到点上、以点带面。要盯住事关全局的重点工作，把力量凝聚到点上，着力解决涉及全局的突出问题，以点带面，推动全局，避免“撒胡椒面”式地这里抓一下，那里敲一点，浅尝辄止、朝三暮四。其次，抓落实要一抓到底，常抓不懈，要一步一个脚印，步步为营，有板有眼，深入而持续地抓好落实，而不能满足于会议开过了，文件发过了，嘴上讲过了。与此同时，抓落实还要结合实际，因地制宜。“这就好比敲钉子也不能光凭着一股蛮力，逢墙乱钉，碰到容易脱落或者开裂的墙面时，还要想办法修补墙面，打好敲钉子的基础。”[②] 最后，抓落实还要根据本地本单位的实际加以贯彻落实，而不是依葫芦画瓢、搞照搬照套。总之，抓落实，就要有“咬定青山不放松”的韧劲、不达目的不罢休的狠劲，真正把各项工作落到实处、抓出实效。

---

① 《年轻干部要提高解决实际问题能力 想干事能干事干成事》，《人民日报》2020年10月11日。

② 习近平：《之江新语》，浙江人民出版社2007年版，第241页。

### （四）关键要抓好落实

“为政之道，贵在实干。”进入新时代，习近平总书记多次强调“关键要抓好落实”。2014 年 10 月 10 日至 11 日，全国党委秘书长会议召开，习近平总书记对此次会议高度重视，在会前作出重要批示：“崇尚实干、狠抓落实是我反复强调的。如果不沉下心来抓落实，再好的目标，再好的蓝图，也只是镜中花、水中月。”党的十八大以来，党委办公厅系统为落实中央决策部署做了大量工作，发挥了重要作用，这次全国党委秘书长会议又专题研究抓落实问题。希望各级党委办公厅（室）更好地发挥基本职能作用，投入更大的力量、采取更有力的措施推动中央精神的贯彻落实，确保中央政令畅通、决策落地生根。2016 年 7 月 18 日，在宁夏泾源县大湾乡杨岭村看望父老乡亲、实地考察精准扶贫情况时，习近平总书记明确表示，“关键要抓好落实”，“我就是来看落实情况的”。2011 年 3 月，时任中央党校校长的习近平同志在中央党校春季学期开学典礼上专门作了《关键在于落实》的重要讲话。在讲话中，他更是多处强调要抓落实，指出“现在的关键就在于落实”。“抓落实，是我们党执政能力的重要展现，也是对各级领导干部工作能力的重要检验。”“抓落实，是把决策变为人们的实践行动、由认识世界到改造世界的过程，无疑需要克服主观和客观上的诸多障碍，需要付出艰辛的努力。”“抓落实能不能知难而进、锲而不舍，对领导干部的原则立场是一个现实的考验。”①

求真务实，真抓实干，才能真正干出有益于党和人民事业发展的实事，真正建立经得起历史检验的实绩。尤其在主政浙江期间，习近平同志还赞赏这样的“务实之人”，认为务实之人一般都是愿听真话、敢讲真话、勇于负责、善抓落实之人。他强调，领导干部就要做这样的务实之人。务实之于工作，就是要抓好各项任务的落实。在落实的认识上，要讲求一个“深”字。落实要深入，认识先深化。在落实的要求上，要

① 习近平：《关键在于落实》，《求是》2011 年第 6 期。

讲求一个“新”字。落实工作不能照抄照搬。要把上级精神与本地实际结合起来，把对上负责与对下负责结合起来，创造性地开展工作，努力在结合中出思路、出特色、出成效。在落实的步骤上，要讲求一个“韧”字。要有一股韧劲，持之以恒抓落实，一项一项地督促，一件一件地落实，一年一年地见效。在落实的举措上，要讲求一个“实”字。

此外，在主持召开中央全面深化改革领导小组第二次会议时，习近平总书记明确强调，对需要长期抓落实的项目和任务，要以抓铁有痕、踏石留印的劲头，坚持不懈抓下去。对今年条件不具备、暂不启动的改革任务，要创造条件，抓紧做好前期准备工作，争取适时启动。在中共中央政治局专题民主生活会上，习近平总书记强调，要把抓落实作为开展工作的主要方式，动脑子、想办法，拿出真招实招来，切实把党中央决策部署的各项任务一项一项抓好。特别是要发扬斗争精神，敢于面对困难，敢于攻坚克难。在“不忘初心、牢记使命”主题教育总结大会上的讲话中，习近平总书记强调，我们党把“守初心、担使命，找差距、抓落实”作为主题教育的总要求，强调“整改落实要围绕主题、主线、总要求真改实改，克服学做脱节问题”，确保了党内集中教育不走神。在打好精准脱贫攻坚战座谈会上的讲话中，他强调，在中国特色脱贫攻坚制度体系中，我们加强党对脱贫攻坚工作的全面领导，建立各负其责、各司其职的责任体系，根本的是中央统筹、省负总责、市县抓落实的管理体制，从中央到地方逐级签订责任书，明确目标，增强责任，强化落实。这些制度成果，为全球减贫事业贡献了中国智慧和中国方案。

针对制度问题，习近平总书记强调，制定制度很重要，更重要的是抓落实。如果不抓落实，只是写在纸上、贴在墙上、锁在抽屉里，制度就会成为稻草人。在改革问题上，习近平总书记指出，容易的、皆大欢喜的改革已经完成了，好吃的肉都吃掉了，剩下的都是难啃的硬骨头。改革推进到今天，比认识更重要的是决心，比方法更关键的是担当。“改革重在落实，也难在落实。”领导干部要把抓改革作为一项重大政治责任，争当改革促进派、实干家。拥护改革、支持改革、敢于担当的就是促进派，把改革抓在手上、落到实处、干出成效的就是实干家。改革要聚焦、聚神、聚力抓落实，做到紧之又紧、细之又细、实之又实。这些重要论述，是新时代领导干部狠抓工作落实、提高抓落实能力的行动指南和方向指引，必须在能力塑造中加以贯彻落实。

## 三、进万家门，知万家情，解万家忧，办万家事

为政之要，贵在落实。党和国家事业发展，离不开全党脚踏实地、真抓实干。而党和国家事业越发展，对领导干部的能力要求也就越来越高。习近平总书记指出：“想不想抓落实、敢不敢抓落实、会不会抓落实，检验我们的行动、考验我们的能力。”① 当前，党和国家各方面工作越来越专业化、专门化、精细化，国家治理能力既体现在我们把方向、谋大局、定政策、促改革的综合能力上，也体现在我们处理每一个方面事情和每一项工作的具体本领上。为此，要以习近平总书记关于抓落实的重要论述为遵循，大力提升领导干部抓落实能力，使党和国家各项工作得到全面贯彻落实。

### （一）提高抓落实能力，要强化思想认识水平

一般而言，从各级党委、政府和领导干部工作方面讲，抓落实，就是各级领导干部把党和国家各项方针政策、工作部署和措施要求等，落实到实践中去，落实到基层中去，落实到群众中去，使之成为广大党员、干部、群众的自觉行动，以确保党和国家确定的目标任务顺利实现。进入新时代，各级领导干部要提高抓落实能力，就必须紧紧围绕新的时代要求和时代使命来进行。

第一，准确把握新时代抓落实的内涵要求。习近平总书记在“不忘初心、牢记使命”主题教育工作会议上指出，抓落实，就是要把新时代中国特色社会主义思想转化为推进改革发展稳定和党的建设各项工作的

① 中共中央党史和文献研究院编：《十八大以来重要文献选编》（下），中央文献出版社 2018 年版，第 46 页。

实际行动，把初心使命变成党员干部锐意进取、开拓创新的精气神和埋头苦干、真抓实干的自觉行动，力戒形式主义、官僚主义，推动党的路线方针政策落地生根，推动解决人民群众反映强烈的突出问题，不断增强人民群众获得感、幸福感、安全感。这就为抓落实提出了时代内涵的界定。与此同时，习近平总书记关于抓落实的重要论述，也鲜明指出了抓落实的时代要求，这些都是领导干部狠抓工作落实的行动指南，必须一以贯之地落到实处。

第二，深刻认识新时代抓落实的重大意义。当前，国内外形势发展复杂多变，我国仍处在重要的发展战略机遇期，但同时社会矛盾也日益凸显，前进中出现不少需要克服的困难和风险。只有攻坚克难，乘势而上，才能抓住和用好机遇，赢得未来发展的主动权；如果自满懈怠，心浮气躁，就不可能开创改革发展稳定的新局面，已经取得的成果也有可能丧失。为此，必须把抓落实摆上重要位置，做到落实、落实、再落实。抓而不紧，等于不抓；抓而不实，等于白抓。实践表明，抓好落实，党和人民事业就能充满生机；不抓落实，再好的蓝图也是空中楼阁。落实党中央路线、方针、政策，是实现“两个一百年”奋斗目标、实现中华民族伟大复兴中国梦的客观要求，是广大人民群众的共同愿望，是当前和今后一个时期的重要政治任务要求，领导干部必须思想高度重视，必须把抓落实摆上首要位置，结合各地区各部门实际情况，一步一步地展开，一项一项地分解，一件一件地落实，一年一年地见效，狠抓各项工作落实。反之，领导干部如果不抓落实，那么再美好的蓝图也不过是蓬莱仙境、空中楼阁，美好梦想终将成为泡影。

第三，充分看到抓落实最能检验干部党性。党性是党员干部立身、立业、立言、立德的基石。在“三严三实”专题教育中，习近平总书记强调，各级领导干部都要树立和发扬好的作风，既严以修身、严以用权、严以律己，又谋事要实、创业要实、做人要实。创业要实，就是要脚踏实地、真抓实干，敢于担当责任，勇于直面矛盾，善于解决问题，努力创造经得起实践、人民、历史检验的实绩。讲实话、干实事、抓落实，最能检验和锤炼干部的党性。抓工作，是停留在一般性号召还是身体力行，成效大不一样。党中央强调要增强“四个意识”，这不是一个口号，不是一句空话，要落实在行动上。在现实生活中，有的领导干部长期养尊处优，满足于开会发文件，以会议落实会议，以文件落实文件，导致白白丧失大好的发展局面和发展契机。这是新时代领导干部必须抵制和反对的现象和行为。2013 年 4 月 28 日，习近平总书记在同全国劳动模范代表座谈时指出，真抓才能攻坚克难，实干才能梦想成真。我们要在全社会大力弘扬真抓实干、埋头苦干的良好风尚。各级领导干部要带头发扬劳模精神，出实策、鼓实劲、办实事，不图虚名，不务虚功，坚决反对干部群众反映强烈的形式主义、官僚主义、享乐主义和奢靡之风“四风”，以身作则带领群众把各项工作落到实处。

### （二）提高抓落实能力，要坚持鲜明问题导向

“问题就是时代的口号，是它表现自己精神状态的最实际的呼声。”坚持问题导向是马克思主义的理论品格和根本要求。习近平总书记多次强调，我们中国共产党人干革命、搞建设、抓改革，从来都是为了解决中国的现实问题。要增强问题意识、坚持问题导向，抓住关键问题进一步研究思考，把问题作为研究制定政策的起点，把认识和化解矛盾作为打开工作局面的突破口，把工作的着力点放在解决最突出的矛盾和问题上，着力推动解决我国发展面临的一系列突出矛盾和问题。当前，面对改革发展稳定遇到的新形势新情况新问题，领导干部要有所作为、有所进步，就要敢于较真碰硬、敢于直面困难，自觉把使命放在心上、把责任扛在肩上。

第一，破解想不想抓落实的问题。抓落实，是对各级领导干部使命感和责任感的重要检验。近年来，从中央到地方都加大了抓落实的工作力度，并已取得明显成效。特别是中央对重大决策、重大部署、重大举措，采取任务分解、明确责任、加强督查等措施，保证和促进了改革发展稳定各项任务的落实。但是也要看到，在有些地方、部门和单位，中央的一些方针政策和重大部署，口头上讲了、文件上也写了，而贯彻落实得却不好；一些中央三令五申、明令禁止的事情，依然我行我素、屡

禁不止；有的领导干部工作不求进取，满足现状，只求过得去，不求过得硬。由此可见，不重视抓落实的问题仍然存在，而领导干部出现这样的精神状态，也是无法抓好工作落实的。实践充分证明，不抓落实的问题不解决，改革发展稳定的其他问题也无法得到解决，经济社会发展目标任务就无法顺利实现。为此，领导干部要懂得，党和人民把为人民服务的重担放在领导干部肩上，这是对领导干部的一种信任和责任。各级领导干部要把这种信任和责任看得比泰山还重，始终以饱满的热情投身工作，永葆蓬勃朝气、昂扬锐气和浩然正气，自觉地盯着榜样找差距，对照先进学经验，对照人民期盼狠抓工作落实。

据《习近平在福州》一书记载，习近平同志到福州工作后，福州市委班子在他的带动下，形成了“马上就办、真抓实干”的工作作风。习近平同志提出“真抓实干”，是在邓小平南方谈话之前。他要求干部真抓实干，他自己首先做到了，而且在工作中的每一个环节都是真抓实干。有一年，省委、省政府在开发区开了一个现场会，对一些具体工作提出了要求。中午的时候，刚刚吃完饭，习近平同志不休息，就把大家召集起来研究如何贯彻省委、省政府关于开发区发展问题的决定，并且以极高的效率，在当天的中午就形成了一个文件。习近平同志干工作的节奏就是“今日事，今日毕”。今天能解决的事情，绝不会拖到明天。

第二，破解敢不敢抓落实的问题。敢不敢抓落实，与干部的政绩观正确与否紧密相关。所谓政绩，就是为政之绩，即为政的成绩、功绩、实绩。在抓落实过程中，不同的政绩观会有不同的态度。政绩观正确，领导干部就敢于狠抓落实；政绩观错位，领导干部就不敢狠抓落实，抓落实的过程中就会“扭扭捏捏”“左顾右盼”，怕引火烧身、怕得罪他人、怕损失自己利益。如果我们做事情、干工作，做到了上有利于国家、下有利于人民；既符合国家和人民眼前利益的要求，又符合国家和人民长远利益的要求；既能促进经济社会发展，又能促进国家富强和人民幸福，那就做出了党和人民所需要的真正的政绩。然而，在实际抓落实中，有的领导干部并不是把抓落实的出发点放到为党尽责、为民造福上，而是树立自身形象、为自己升迁铺路；不是把抓落实的落脚点放到办实事、求实效上，而是追求表面政绩，搞华而不实、劳民伤财的“形象工程”；不是把抓落实的重点放到立足现实、着眼长远、打好基础上，而是盲目攀比、竭泽而渔。这就导致了不敢狠抓落实的问题。为此，领导干部要牢固树立正确的政绩观，摒弃个人主义思想，把心思和精力放在努力争创一流业绩、不断开创各项工作新局面上，真正做到“为官一任、造福一方”。

第三，破解会不会抓落实的问题。狠抓落实，要注意改进抓落实的工作方法。现在各单位各部门的任务很重，工作头绪很多。作为领导干部，要善于通盘筹划，把握重点，抓住主要矛盾，把领导工作的重心放在对全局有决定意义的关节点上。在抓落实的过程中，有的领导干部没有按职责抓好落实，反而越俎代庖，使工作不协调，出现忙乱的局面，一些工作也得不到有效落实。为此，要从大处着眼、小处着手，掌握科学方法途径，不断提高运用马克思主义立场、观点、方法，进一步认识规律、把握规律、运用规律，按照目标细化、任务量化、责任硬化、进度时段化的要求，善于抓住工作重点，分清轻重缓急，明确主攻方向，要细化任务要求，对工作进行逐项梳理，抓好分解落实，拿出流程图，列出时间表，定好责任制，提高狠抓落实的工作能力，努力使工作思路和落实措施配套衔接。

### （三）提高抓落实能力，要掌握科学方法途径

对领导干部来说，理论上的成熟，是政治上成熟的基础。马克思主义是我们党的指导思想，是我们党认识世界和改造世界的强大思想武器。领导干部要主动提高理论素养，掌握马克思主义的立场、观点、方法，把马克思主义的基本原理内化为一种自身的思维方式和思想方法，从而正确地看待事物，分析问题、解决问题，作出科学决策。

第一，始终坚持以人民为中心。马克思主义经典作家在自己的全部理论中所贯穿的人民立场、人民观点，是非常鲜明的。在《共产党宣言》中，马克思恩格斯就向全世界昭示：共产党所领导的无产阶级运动是绝大多数人的、为绝大多数人谋利益的运动。列宁曾经指出，无产阶

级政党为了为群众服务和代表群众的，就必须在群众中大力开展工作。我们党坚持全心全意为人民服务的根本宗旨，就是把符合人民利益作为党的一切言论和工作的最高准绳，作为衡量我们党一切工作的得失成败的最高标准。从这个意义上讲，是否抓落实直接反映着领导干部的宗旨意识和党性。领导干部不论职务高低，不论在什么岗位工作，都要身体力行党的宗旨，把坚持以人民为中心的发展思想贯穿到各项工作的落实中去，努力为群众办实事办好事，切实做到权为民所用、情为民所系、利为民所谋。把握住这一点，就把握住了抓落实的根本，就能把全部心思和精力用到抓落实上。

在福州担任市委书记期间，习近平同志强调，要经常去了解群众的事，把群众的事情在基层解决好。怎么了解呢？他提出了四句话：进万家门，知万家情，解万家忧，办万家事。在福州期间，习近平同志非常关注民生，十分重视福州市的“菜篮子工程”建设，他要求大力发展副食品生产基地、蔬菜生产基地，加大养猪、养鸡、养鸭、蔬菜种植的投入，保障市场供应。在习近平同志的领导下，福州市被评为全国“菜篮子工程”建设先进城市。

第二，坚持辩证唯物主义和历史唯物主义。马克思恩格斯所创立的辩证唯物主义和历史唯物主义，是中国共产党人的世界观和方法论。辩证唯物主义和历史唯物主义，为中国共产党人提供了认识世界和改造世界的理论武器。领导干部要贯彻落实党中央提出的协调推进“四个全面”战略布局、“五位一体”总体布局，要奋力实现“两个一百年”奋斗目标、实现中华民族伟大复兴的中国梦，就必须不断接受马克思主义哲学智慧的滋养，更加自觉地坚持和运用辩证唯物主义和历史唯物主义的世界观和方法论，增强辩证思维、战略思维能力，努力提高解决我国改革发展基本问题的本领，在实际工作中把握现象和本质、形式和内容、原因和结果、偶然和必然、可能和现实、内因和外因、共性和个性的关系，增强辩证思维、战略思维能力，把各项工作抓实抓好。

第三，坚持解放思想、实事求是、与时俱进。解放思想、实事求是、与时俱进，是马克思主义活的灵魂，是我们适应新形势、认识新事物、完成新任务的根本思想武器。在马克思主义理论的创立和发展过程中，其每前进一步，都是在实事求是的基础上解放思想，从而发现新问题、找到新方法、提出新观点、创立新理论。无论是马克思主义经典作家对自己以前提出的理论观点进行新的丰富和完善，还是后人对前人的理论创新和发展，都是解放思想、实事求是、与时俱进的成果。可以说，在各种方法中，思想方法是基础，而在各种思想方法中，解放思想、实事求是、与时俱进又是最根本的。因此，领导干部必须坚持马克思主义的发展观点，坚持实践是检验真理的唯一标准，发挥历史的主动性和创造性，清醒认识世情、国情、党情的变和不变，永葆逢山开路、遇河架桥的精神，锐意进取，大胆探索，敢于和善于分析回答现实生活中和群众思想上迫切需要解决的问题，不断深化改革开放，不断有所发现、有所创造、有所前进，不断推进理论创新、实践创新、制度创新和各方面创新，提高抓落实的能力。

### （四）提高抓落实能力，要厘清矛盾辩证关系

没有矛盾，就没有世界、没有发展。矛盾和问题是普遍存在的，问题也是矛盾。抓落实的过程，必然会遇到许多矛盾和问题，只有努力解决好各种矛盾和问题，才能把落实工作真正抓好、抓出成效。因此，领导干部在抓落实工作中，要敢于正视矛盾和问题，正确处理矛盾双方之间的辩证逻辑关系。

第一，正确处理“稳”和“进”的辩证关系。稳中求进工作总基调是治国理政的重要原则，要长期坚持。“稳”和“进”是辩证统一的，要作为一个整体来把握。因而在看问题、想对策、抓落实的过程中，领导干部要审时度势、深思熟虑、尊重规律，既反对消极应付、不思进取，又反对冲动蛮干、急于求成，该稳的要稳住，该进的要进取，把握好工作节奏和力度。特别是在责任和任务层层加码方面，要结合实际，实事求是，留有余地，不能搞层层加码。这是因为，不顾客观条件的层层加码，看似积极向上，实则违背规律、急躁冒进，欲速则不达。为此，要克服两种错误倾向：一是急躁，二是拖延。比如在决战决胜脱贫

攻坚上，有的地方急功近利，对脱贫目标层层加码；有的不考虑稳定脱贫，单纯计算当年收入，把贫困人口“算”出去；有的不研究帮助贫困人口增加收入的措施，简单采取“低保兜底、一兜了之”的做法，而有的地方思想上不够重视，工作上比较被动，贫困群众满意度低。这些问题，都是我们要极力避免的。

第二，正确分清主要矛盾和次要矛盾的辩证关系。无论是贯彻上级的决策，还是抓好本级的部署，都要做到既抓部署又抓落实，在部署中出实招，在落实中求实效。但在抓落实的过程中，不能眉毛胡子一把抓，而应该有主要矛盾和次要矛盾、有阶段性和长期性之间的辩证统一。比如，脱贫攻坚是一场必须打赢打好的硬仗，习近平总书记强调，各级党委和政府在贯彻落实五中全会精神、谋划当地“十三五”发展规划时，要抓住主要矛盾，对什么是最突出的短板做到心中有数。因而，在抓落实的问题上，领导干部必须根据工作中的主要矛盾和矛盾的主要方面，分清轻重缓急，突出工作重点，抓住关键环节，明确主攻方向；又要防止急躁症，警惕“大跃进”，注意把阶段性工作与长期性目标结合起来，一件一件抓落实，一年一年抓成效，不断积小胜为大胜，不断向既定目标迈进。

第三，正确处理顶层设计与问计于民的辩证关系。党的领导是中国特色社会主义最大的制度优势，是我国的最大国情。坚持党的全面和集中统一领导，是中国特色社会主义的最本质特征。加强党的领导，要求我们党要做好方方面面工作的顶层设计，为整个国家的发展谋划蓝图。与此同时，基层是一切工作的落脚点。党和国家各项政策措施落实了没有，落实得好不好，基层群众最有实际感受。落实得好、落实得快，群众就拥护；落实得不好、落实得慢，群众就会有反映。我们党和国家所开展的一切工作，都是为了实现人民对美好生活的向往，因而党的路线方针政策、发展规划和蓝图，也必须坚持问计于民，这样才能做到顺应民意、汇集民智、形成合力，不断开创新时代中国特色社会主义的新局面。可见，抓落实的重心一定要放在基层一线，解决落实不到位问题的思路和办法也要到基层和群众中去寻找。领导干部要坚持眼睛向下看、身子往下沉，深入基层、深入群众开展调查研究，及时了解在上面难以听到、不易看到和意想不到的新情况新问题，掌握第一手资料，向群众问计问策。

据《习近平在宁德》一书记载，习近平同志一到宁德就下基层调研，一个县一个县地跑，把宁德下辖 9 个县市全部跑遍了，一去就是一个月，之后又到温州考察。习近平走基层有三个特点：一是到每个县调研，都要先听各县班子的工作汇报，但他不提倡念稿子。习近平说，这是考核干部的一种方法，看干部的精力有没有用在工作上。二是喜欢看县志。每到一个地方就要调阅当地的县志。习近平说，不看县志就不了解这个县的过去和现在，就难以深入认识县情，光靠这样跑了解不够。三是注重走访。每到一处，习近平既走访一些企业，也走访一些村庄和农户，了解群众的生产生活情况，而不仅仅停留于听汇报。习近平的调研方法，值得年轻领导干部学习借鉴。

### （五）提高抓落实能力，要大兴调查研究之风

群众的实践是最丰富最生动的实践，群众中蕴藏着巨大的智慧和力量，要解决矛盾和问题，就要深入基层，深入群众，拜群众为师，深入调查研究。在十八届中央政治局民主生活会上，习近平总书记指出，抓好落实，必须大兴调查研究之风，对真实情况了然于胸。2018 年 1 月 11 日，习近平总书记在十九届中央纪委二次全会上发表重要讲话强调，要靠深入调查研究下功夫解难题，靠贴近实际和贴近群众的务实举措抓落实，确保党中央决策部署落地生根。可见，调查研究多了，情况了然于胸，才能够找出解决问题、克服困难的办法，作出正确决策，推进工作落实。

第一，坚持深实细准效的基本原则。“深”，就是要深入群众，深入基层，善于与工人、农民、知识分子和社会各界人士交朋友，到田间、厂矿、群众和社会各层面中去解决问题。“实”，就是作风要实，做到轻车简从，简化公务接待，真正做到听实话、摸实情、办实事。“细”，就是要认真听取各方面的意见，深入分析问题，掌握全面情况。“准”，就

是不仅要全面深入细致地了解实际情况，更要善于分析矛盾、发现问题，透过现象看本质，把握规律性的东西。“效”，就是提出解决问题的办法要切实可行，制定的政策措施要有较强操作性，做到出实招，见实效。可见，领导干部在调研工作中，一定要保持狠抓落实的工作态度和工作作风，努力在求深、求实、求细、求准、求效上下功夫。

1982 年 3 月至 1985 年 5 月，习近平同志任河北省正定县委副书记和书记，在正定工作了三年多。在此期间，习近平多次到西兆通调研指导工作，给当地干部群众留下了深刻印象。据《习近平在正定》一书记载，有一天上午，河北省正定县西兆通大队全体干部和一些党员、社员代表在大队的一间屋子里开会，研究上马一个企业的事。由于当时的经济体制原则上不允许大队搞企业，会议讨论得有些激烈。正当会议人员热烈讨论的时候，时任正定县委书记的习近平突然来到会议现场。当时大部分参会人员还不认识习近平，西兆通大队支书却认出他来了，赶忙迎上去，请习近平到屋里坐。因为习近平来，既没通知公社，也没告诉大队，骑个自行车就直接来了。习近平一看大家都在开会，就不坐了，自己到农场去看看，只找了个技术员领他去，也没让任何干部陪同。习近平到试验田，问了技术员很多问题，问种植技术，问田间管护，问疾病防治，问水肥施用，问棉花产量，方方面面问了个“底儿掉”，考察得特别细致。考察完，他自己骑车就走了，也没在大队喝一口水，吃一口饭。

第二，大力弘扬求真务实的精神作风。我们党一贯倡导求真务实，旗帜鲜明地强调要大力弘扬求真务实精神，大兴求真务实之风。求真务实，是辩证唯物主义和历史唯物主义一以贯之的科学精神，是我们党的思想路线的核心内涵，是党的优良传统和共产党人应该具备的政治品格。早在民主革命时期，毛泽东同志就号召全党要把革命气概和实际精神结合起来，告诫全党同志要老老实实办事，在世界上要办成几件事没有老实态度是根本不行的。求真务实，也是贯彻落实党和国家各项举措、推进各项事业发展的重要保证。实践已经证明并将继续证明，不求真务实，夸夸其谈，只重唱功，不重做功，工作难以开展；不求真务实，说大话，讲空话，工作难有起色；不求真务实，陷入文山会海，只作一般号召，不作具体指导，工作难以落实；不求真务实，追求轰动效应，而不去实干，工作难有成效；不求真务实，只顾眼前利益，大搞短期行为，只会延缓发展。为此，领导干部要大力弘扬求真务实精神，大兴求真务实之风，深入调查研究要重实际，狠抓工作落实要动真格，努力在转变工作作风上下功夫，力求做到求客观实际之真、务执政为民之实，办实事而不图虚名、求实效而不做虚功，真抓实干地抓好党和国家各项工作落实落地。

据《习近平在厦门》一书记载，习近平同志当年在厦门工作期间能干、肯干、善干、实干，从不为个人计得失，只为事业发展计长远。当年，他主持编制《1985年—2000年厦门经济社会发展战略》，结合当地实际谋划未来5年、10年乃至20年的发展战略，毫不松手地抓当时很多人认为“吃力不讨好”的事情，心甘情愿做铺就未来发展的基石。他指出，作为领导者，就要“着眼于长远，甘做铺垫之事，甘抓未成之事”，要有“功成不必在我”的境界，“不贪一时之功，不图一时之名，一张蓝图画到底，一茬接着一茬干”。在主持起草“实行自由港某些政策”调研报告时，习近平强调：我们要立足中国的实际、厦门的实际，不能全搬新加坡的模式，更不能搬用香港的模式，可以把它们作为重要参考。这些话至今仍有重要的现实意义。

第三，坚持点面结合的调研方法。点面结合、以点带面，突破一点、取得经验，指导全面工作，这是调查研究、抓好落实的重要方法。调查研究是一门致力于求真的学问，一种见诸实践的科学，也是一项讲求方法的艺术。由于现代社会的分工日益多样化、不同群体的利益日益多元化，在这种情况下，领导干部如果要作出科学决策，则需要更加大量的信息，需要掌握更加全面的情况。这就要求领导干部要善于从大量的个体情况中找到一般规律，从整体上把握客观事物，从而作出正确的决策。因而，领导干部要在蹲点调查、“解剖麻雀”等抓点、搞好典型调查的方法基础上，不断改进方法和手段，注重调查研究对象的广泛性，这样才能避免以点概面，以偏概全，只见树木，不见森林，提高调查研究对象的广泛性和代表性。

据《习近平在福州》一书记载，习近平同志的调研方法有很多独到之处，他从对调研功能定位的把握，到调研具体过程的掌控，以及调研成果的运用，都非常精道。习近平同志的调研有以下特点：一是坚持先调研后决策。他说，没有调研就不要决策，要把主要精力放在决策前的调查、分析、论证上，以寻找和选择最佳决策方案。二是把调研重心放在困难地区，关注关心困难群众。三是直接接触群众，倾听群众呼声，为群众排忧解难。他常说，老百姓经常去的地方，我们也要去看看有什么需求。四是善于通过调研发现问题、总结经验、指导工作。五是经常进行“随机”调研。六是善于借力调研，借助媒体记者和专家智囊的力量调研。

### （六）提高抓落实能力，要强化领导责任落实

责任就是担当。好干部必须有责任重于泰山的意识，坚持党的原则第一、党的事业第一、人民利益第一，敢于旗帜鲜明，敢于较真碰硬，对工作任劳任怨、尽心竭力、善始善终、善作善成。抓落实，是党的政治路线、思想路线、群众路线的根本要求，也是衡量领导干部党性和政绩观的重要标志。2017 年 12 月 25 日至 26 日，习近平在中央政治局民主生活会上强调，要有真抓的实劲、敢抓的狠劲、善抓的巧劲、常抓的韧劲，抓铁有痕、踏石留印抓落实。要明确属于自己职责范围内的任务，抓住突出短板和薄弱环节，分清轻重缓急，加强政策配套，加强协同攻坚，加强督察落实，确保各项目标任务按时保质完成。抓落实，一把手是关键，要把责任扛在肩上，勇于挑最重的担子，敢于啃最硬的骨头，善于接最烫的山芋，把分管工作抓紧抓实、抓出成效。可见，增强狠抓落实本领，提高狠抓落实能力，必须以责任清单的思路，建立管理体制，健全责任体系，明确和细化各级领导责任。

第一，制定狠抓落实的责任清单。在中央全面深化改革领导小组第二十次会议上，习近平总书记指出，要牢牢扭住全面深化改革各项目标，落实主体责任，理清责任链条，拧紧责任螺丝，提高履责效能，打

通关节、疏通堵点、激活全盘，努力使各项改革都能落地生根。在中央政治局常委会会议审议《关于 2016 年省级党委和政府扶贫开发工作成效考核情况的汇报》时，习近平总书记强调，召开中央扶贫开发工作会议，印发《中共中央国务院关于打赢脱贫攻坚战的决定》，22 个省区市的书记和省长在脱贫攻坚责任书上签了字。这是给党中央立的军令状，也是对各省区市党委和政府脱贫攻坚工作进行考核的依据。强调“三严三实”，就是要言必行、行必果，做到行胜于言、言行一致，不是搞个形式、签个字就完了。“这是军令状，完不成是要追责的!”2014 年 1 月 22 日，习近平总书记主持召开中央全面深化改革领导小组第一次会议时明确强调，三中全会各项具体改革举措，要有时间表，一项一项抓落实，以多种形式督促检查，指导和帮助各地区各部门分解任务、落实责任。可见，在抓落实的过程中，在抓落实能力的建设中，要按照谁主管、谁负责、谁落实原则，制定责任清单，对工作中所涉及的领导干部的责任事项进行明确，实行工作落实台账式管理，明确责任分工、完成时限，一以贯之、负责到底，确保领导责任、主体责任抓实见效。

第二，建立狠抓落实的管理机制。提高抓落实能力、抓好工作落实，必须建立各级领导机关和领导干部的严格的管理机制。列宁曾经指出：“借口集体领导而无人负责，是最危险的祸害”，“这种祸害无论如何要不顾一切地尽量迅速地予以根除”。邓小平也明确强调：“党和国家的各级机关中，一个很大的问题就是无人负责。名曰集体负责，实际上等于无人负责。一项工作布置之后，落实了没有，无人过问，结果好坏，谁也不管。所以急需建立严格的责任制。”[①] 可见，党委集体领导必须坚持，但某一方面的工作由谁负责，由谁承担责任，必须清清楚楚。出了问题，不仅党委要负责，同时要追究领导者个人的责任。不能借口集体领导，逃避个人责任。哪一级出了问题，就要追究哪一级领导的责任。这样才能做到赏罚分明，才有助于建立严格的责任制。在部分省区市扶贫攻坚与“十三五”时期经济社会发展座谈会上，习近平总书

① 《邓小平文选》第 2 卷，人民出版社 1994 年版，第 151、150—151 页。

记强调，要强化扶贫开发工作领导责任制，把中央统筹、省负总责、市（地）县抓落实的管理体制，片为重点、工作到村、扶贫到户的工作机制，党政一把手负总责的扶贫开发工作责任制，真正落到实处。什么东西只有抓得很紧，毫不放松，才能抓住。抓一阵子松一阵子，热一阵子冷一阵子，就会“沙滩流水不到头”。为此，在抓落实的过程中，要建立中央统筹、省负总责、市县抓落实的管理体制。中央统筹，就是要做好顶层设计，主要是管两头，一头是在政策、资金等方面为地方创造条件，另一头是加强党和国家重大工作效果的监管。省负总责，就是要做到承上启下，把党中央大政方针转化为实施方案，加强指导和督导，促进工作落地。市县抓落实，就是要因地制宜，从当地实际出发，推动党和国家工作各项政策措施落地生根。

第三，加强党对责任落实的领导。坚持党的领导，发挥社会主义制度可以集中力量办大事的优势，这是我们的最大政治优势。在部分省区市扶贫攻坚与“十三五”时期经济社会发展座谈会上，习近平总书记指出，脱贫攻坚，加强领导是根本。实现贫困人口如期脱贫，是我们党向全国人民作出的郑重承诺。责任重于泰山，各级党委和政府一定要不辱使命。必须坚持发挥各级党委总揽全局、协调各方的作用，落实脱贫攻坚一把手负责制，省市县乡村五级书记一起抓，为脱贫攻坚提供坚强政治保证。在全国生态环境保护大会上，习近平总书记强调，打好污染防治攻坚战时间紧、任务重、难度大，是一场大仗、硬仗、苦仗，必须加强党的领导。地方各级党委和政府主要领导是本行政区域生态环境保护第一责任人，对本行政区域的生态环境质量负总责，要做到重要工作亲自部署、重大问题亲自过问、重要环节亲自协调、重要案件亲自督办，压实各级责任，层层抓落实。由此可见，党和国家各项重大工作的落实，必须坚持党的领导，强化党对抓落实的根本组织保证。在中央扶贫开发工作会议上的讲话中，习近平总书记指出，各级党委和政府在贯彻落实五中全会精神、谋划当地“十三五”发展规划时，要抓住主要矛盾，对什么是最突出的短板做到心中有数。凡是有脱贫攻坚任务的党委和政府，都必须倒排工期、落实责任，抓紧施工、强力推进。特别是脱贫攻坚任务重的地区党委和政府要把脱贫攻坚作为“十三五”期间头等大事和第一民生工程来抓，坚持以脱贫攻坚统揽经济社会发展全局。

总之，只有干出来的精彩，没有等出来的辉煌。千招万招，不抓落实都是“虚招”；千结万结，不抓落实都是“死结”。抓落实是领导干部的一项基本功，想不想抓落实、敢不敢抓落实、会不会抓落实，既是对领导干部党性是否忠诚的重要考验，也是对领导干部能力水平高低的直接检验。广大领导干部，要撸起袖子、铆足干劲，干在实处、走在前列，以实际行动践行初心、担当使命，以求真务实、崇尚实干、只争朝夕、狠抓落实的精神状态和奋斗姿态自觉投身到热火朝天的新时代中国特色社会主义伟大事业中，力争为党和人民事业增光添彩，作出新的更大贡献。

## 拓展阅读

### 抓落实如敲钉子①

（二〇〇六年十二月六日）

抓落实是领导工作的一个基本环节，也是各级领导干部的一项重要职责。决策部署作出以后，对广大干部特别是基层干部来说，最重要的莫过于求真务实、狠抓落实。但在实际工作中也有的往往出现抓不具体、抓不到位、抓不出实效的情况。归根结底，这是欠缺“真抓”的工作作风和“会抓”的本领方法。

抓落实就好比在墙上敲钉子：钉不到点上，钉子要打歪；钉到了点上，只钉一两下，钉子会掉下来；钉个三四下，过不久钉子仍然会松动；只有连钉七八下，这颗钉子才能牢固。这就说明，抓落实首先要抓到点上、以点带面。要盯住事关全局的重点工作，把力量凝聚到点上，着力解决涉及全局的突出问题，以点带面，推动全局，避免“撒胡椒面”式地这里抓一下，那里敲一点，浅尝辄止、朝三暮四。其次，要一

① 习近平：《之江新语》，浙江人民出版社2007年版，第241—242页。

抓到底，常抓不懈。要一步一个脚印，步步为营，有板有眼，深入而持续地抓好落实，而不能满足于会议开过了，文件发过了，嘴上讲过了。同时，抓落实还要结合实际，因地制宜。这就好比敲钉子也不能光凭着一股蛮力，逢墙乱钉，碰到容易脱落或者开裂的墙面时，还要想办法修补墙面，打好敲钉子的基础。抓落实也要根据本地本单位的实际加以贯彻落实，而不是依葫芦画瓢、搞照搬照套。总之，抓落实，就要有“咬定青山不放松”的韧劲、不达目的不罢休的狠劲，真正把各项工作落到实处、抓出实效。

# 后　记

在党的十九大报告中，习近平总书记就提出，领导13亿多人的社会主义大国，我们党既要政治过硬，也要本领高强。“想干事、能干事、干成事，不断解决问题、破解难题。”这是习近平总书记2020年10月10日在秋季学期中央党校（国家行政学院）中青年干部培训班开班式上对年轻干部提出的要求。而要想干事、能干事、干成事，就是要按照习近平总书记提出的七种能力的要求，不断提高政治能力、调查研究能力、科学决策能力、改革攻坚能力、应急处突能力、群众工作能力、抓落实能力。

本书具体分工如下：蒋成会，第一、第六章；苟立伟，第二、第四章；梁静，第三章；王启超，第五章；郑超华，第七章。全书由张荣臣统稿。由于时间和水平的限制，书稿中难免有不足之处，欢迎专家学者和广大读者批评指正。

作　者

2020年11月